hs Gras.

Reviermarkierung mit Katerduft.

Ganz »Nase« ist die junge Türkisch Van.

Vorsicht, Kleiner – mit der alten Siamdame ist nicht zu spaßen.

Kletterkünstlerin Siamkatze.

Was immer die Katze tut – faulenzen, blinzeln, schnuppern, springen, klettern, fauchen, kratzen – sie bleibt die unvergleichliche Mischung aus unabhängigem Raubtier und anschmiegsamem Schmusekätzchen.

Hingebungsvolles Krallenschärfen am reviereigenen Stamm.

Wie kommt man nur den Baum hinunter?

Perserkätzchens erster Ausflug ins Grüne.

Pfotenangeln – bei Katzen ein beliebter Sport.

Ein gemütlicher Beobachtungsposten.

KATZEN

Katrin Behrend   Monika Wegler

Experten-Rat für die Katzenhaltung
mit Herz und Verstand.
230 Farbfotos der schönsten
<u>Rassekatzen und Katzenbabys</u>

Inhalt

Ein Wort zuvor 6

Die Katze – das Heimtier mit Vergangenheit 8
Wie aus der wilden Katze die geliebte Mieze wurde 8
  Als Göttin verehrt · Als Hexe verfolgt · Als Schmusetier geliebt
Ein einfach zu haltender Hausgenosse – stimmt das auch? 11
  Was man von der Katze erwarten kann · Was der Mensch für die Katze tun muß · Vom beruhigenden Wesen der Katze

Eine Katze kommt ins Haus 13
Welche Katze paßt zu Ihnen? 13
  Die Kontaktfreudige · Die Schüchterne · Die Ruhige · Die Kapriziöse · Eine Bemerkung zur Fellfarbe
Wie man zu einer Katze kommt 15
  Die niedliche Katzenkinderstube · Rassekatzen vom Züchter · Die Katze aus dem Tierheim · Katzen über Zeitungsinserate · Katzen aus dem Zoofachhandel · Eine Katze läuft Ihnen zu
Zwei Katzen sind besser als eine 22
Katze oder Kater? 23
Altes Heimtier und neue Katze – ein sensibles Thema 23
Begegnung mit anderen Heimtieren 24
PRAXIS: Ausstattung 26

Mit der Katze leben 26
Eingewöhnung – eine Sache des Temperaments 28
  Wenn die Katze jung ist · Wenn die Katze älter ist
Reviereroberung 30
Eine Wohnung nach Katzengeschmack 31
Sauberkeit – kein Problem 33
  Wenn die Katze plötzlich nicht sauber ist 34
Warum die Katze etwas zum Kratzen braucht 35
Kastration – eine Notwendigkeit? 35
  Das passiert beim Kastrieren · Sterilisation
Katze mit Garten 37
  Tätowieren der freilaufenden Katze
Katzenerziehung – was man dabei erreichen kann 38
  Was die Katze lernen sollte
Katzen müssen spielen 41
Wohin mit der Katze im Urlaub? 41
So kommt eine Katze gut über den Umzug 42
Die alte Katze 43
Die Katze im Recht 44
Gefahren für die Katze 45
PRAXIS: Pflege 46

Katzenernährung – artgerecht und leicht gemacht 48
Energiepaket Katze 48
  Zuviel Futter macht dick · Zu einseitiges Futter macht wählerisch
Nährstoffe, die die Katze braucht 50
Fertigfutter 50
Frischfutter – die alte und neue Alternative 51
Getränk und Trinkgewohnheiten 53
Zehn Katzen-Eßgewohnheiten 54
PRAXIS: Ernährung 56

Was tun, wenn die Katze krank wird 60
Vorbeugen ist besser als Heilen 60
  Impfungen, die beste Vorsorge · Impfplan · Krankheiten, gegen die es keine Schutzimpfung gibt · Entwurmung
Krankheiten, die auf den Menschen übertragbar sind 63
Der Gang zum Tierarzt 64
Die Katze als Patientin 66
Erste Hilfe bei leichten Gesundheitsstörungen 67
PRAXIS: Gesundheit 68
Krankheiten erkennen 70

Katzenliebe – ein Thema mit Folgen 72
Die rollige Katze 72
Der Kater auf Liebespfaden 73
Das Vorspiel – ein strenges Ritual 73
Paarung 75

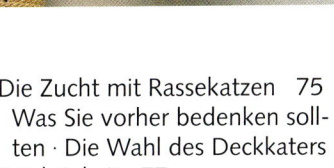

Die Zucht mit Rassekatzen 75
  Was Sie vorher bedenken soll-
  ten · Die Wahl des Deckkaters
Trächtigkeit 77
PRAXIS: Geburt 78
PRAXIS: Entwicklung 80

Katzen verstehen lernen 84
Der Katzenkörper – ein perfek-
tes Instrument für die Jagd 84
  Körperbau – ein faszinierendes
  Ergebnis · Gliedmaßen – was
  die Katze damit alles tun kann ·
  Pfoten – der Gang auf leisen
  Sohlen · Schwanz – das Stimmungsbarometer · Fell – die
  angemessene »Kleidung«
Wie die Sinnesorgane der Katze
funktionieren 88
  Sehen – warum die Katze so
  große Augen macht · Hören –
  woran die Katze die Mäuse er-
  kennt · Tasten – wie die Katze
  sogar im Stockfinstern »sieht« ·
  Riechen – wie sich die Katze
  mit der Nase ein »Bild« macht ·
  Schmecken – warum die Katze
  nascht · Die Sache mit dem
  Gleichgewicht
Katzensprache – ein Zusammen-
spiel aus Körper- und Laut-
sprache 90
  Wohlbefinden · Aufmerk-
  samkeit · Abwehr · Angriff ·
  Angst
Katzenwortschatz 93
  Katz-zu-Katz-Verständigung ·
  Katz-zu-Katz-und-Mensch-
  Verständigung

Königin in ihrem Revier 94
  Das Heim erster Ordnung · Der
  weitere Bereich · Vom Umgang
  mit Eindringlingen · Katzen-
  versammlung · Kater unter
  sich
Katzensprache 96

**Katzenwissen von
A bis Z** 100

**Porträts beliebter Rasse-
katzen** 114
Die Entstehung der Rassen 114
Katzenzuchtverein und
Standard 114
Katzenschönheiten stellen sich
vor 115
  Perser 116 · Maine Coon 120 ·
  Norwegische Waldkatze 121 ·
  Türkisch Angora 122 · Tür-
  kische Van Katze 123 · Javanese
  und Balinese 124 · Somali
  125 · Birma 126 · Ragdoll 127 ·
  Russisch Blau 128 · Abessinier
  129 · Burma 130 · Siam 131 ·
  Orientalisch Kurzhaar 132 ·
  Schottische Faltohrkatze 134 ·
  Britisch Kurzhaar 135 · Exotisch
  Kurzhaar 136 · Devon, Cornish,
  German Rex 137

Sachregister 138

Adressen und Literatur 141

*Gleichgewichtsübung. Eigent-
lich sieht das Seil ja ganz handfest
aus, festkrallen kann man sich
auch, um nicht vorzeitig abzustür-
zen, und im Notfall ist noch
immer die Mutter in der Nähe,
um einen vor dem Schlimmsten
zu bewahren.*

◁ *Vorhergehende Doppelseite:
Fischerin Katze. Wenn der Jagdtrieb erwacht und die Beute lockt,
scheuen Katzen nicht einmal das
sonst ungeliebte Element Wasser.*

Mehr Glück für Katze und Mensch

Ein Wort zuvor

Was man Katzen alles nachsagt, würde mehr als ein Buch füllen. Die einen loben ihre Anschmiegsamkeit, die anderen schätzen ihre Eigenwilligkeit, während manche der Überzeugung sind, daß Unabhängigkeit und Unnahbarkeit die markantesten kätzischen Wesensmerkmale seien. In diesem neuen großen GU Ratgeber haben wir versucht, das unterschiedliche Wesen der Katze mit ganz neuen Augen zu betrachten. Viele langjährige Katzenhalter haben uns dabei geholfen. Zur Vorbereitung dieses Buches richteten wir, die Autorinnen und der Verlag, an sie die Frage: »Was möchten Sie über Katzen wissen?« Dabei stellte sich heraus, daß das größte Interesse dem Wesen der Katze und ihrer Beziehung zum Menschen gilt.

So haben wir in diesem Buch das Verständnis für die vielfältigen Verhaltensweisen von Katzen in den Mittelpunkt gerückt und alle Themen von diesem Blickwinkel aus behandelt. Sie erfahren zum Beispiel, welcher Katzentyp zu Ihnen paßt, ob sich auch eine ältere Katze bei Ihnen eingewöhnen kann, und was Sie berücksichtigen sollten, um den Bedürfnissen einer Katze gerecht zu werden, deren Revier sich auf die Wohnung beschränkt. Auch die weiteren wichtigen Fragen zu Sauberkeit, Ernährung und Gesunderhaltung, zum heißumstrittenen Thema Kastration, zu Rechtsfragen, Verhaltensweisen, zur Katzensprache und Lebensweise der frei laufenden Katze werden mit kompetenten Ratschlägen und praxiserprobten Tips beantwortet.

Einmalig sind die Bilder, die die Fotografin Monika Wegler speziell für dieses Buch aufgenommen hat. Angeregt durch die Arbeiten des Katzenverhaltensforschers Professor Paul Leyhausen gelang es ihr, das, was uns die Katze zu sagen hat, in Fotos von großer Ausdruckskraft darzustellen. Nun können Sie »anschaulich« lesen und so Ihre Katze noch besser verstehen. Hilfreich beim täglichen Umgang mit der Katze sind die Praxis-Seiten, die mit Fotos und Text präzise und leicht nachvollziehbare Anleitungen zu Ausstattung und Pflege, Ernährung, Gesundheitskontrolle, Geburt und Entwicklung der Jungen geben. In einem Rasseteil sind preisgekrönte Katzen dargestellt, die unserer Auffassung von schönen und gesunden Tieren entsprechen. Ob Sie ein Katzenkenner sind, können Sie mit dem »Katzenbaby-Ratespiel« auf der hinteren Umschlagklappe testen. Ein Lexikon rundet Ihr Katzenwissen von A bis Z ab.

Jeder Katzenfreund, der diesen kompetenten, bildschönen und unterhaltsamen Ratgeber gelesen hat, wird seine Katze mit neuen Augen betrachten. Autorinnen und Verlag wünschen dabei viel Spaß.

Wichtig: Damit Sie das Zusammenleben mit Ihrer Katze problemlos genießen können, beachten Sie bitte die »Wichtigen Hinweise« auf Seite 141.

Zum Bild:
Eine Katze wie aus dem Bilderbuch. Mit ihren seegrünen »Märchenaugen« und dem weißen, flauschigen Fell gilt die Chinchilla-Perser als die unübertroffene Schönheit unter Katzen.

Die Katze – das Heimtier mit Vergangenheit

Die Katze geht ihre eigenen Wege. Schon die Art, in der sich ihre Domestikation vollzog, war einmalig. Solange die Menschen als Nomaden umherzogen, hielt sie sich fern. Erst als diese seßhaft wurden, als die Ägypter ihr Reich gründeten und ihre Getreidevorräte von Ratten und Mäusen bedroht waren, schloß sich die Katze dem Menschen an. Sie begab sich sozusagen freiwillig in seine Obhut, genoß den immer reichlich gedeckten Tisch und bewahrte sich dennoch ihre Unabhängigkeit.

Meine Katzen haben mir geholfen, dieses Buch zu schreiben. Vom ersten Wort an waren sie dabei. Matilda zum Beispiel, die prächtige schwarze Hauskatze mit dem weißen Medaillon auf der Brust, pflegt ihre Vormittage stets auf der weichen Bettdecke zu verdösen. Jetzt kam sie immer wieder angetrappelt, legte mir leise gurrend ihre dicken Pfoten auf den Oberschenkel, blickte aus grüngelben Augen zu mir hoch. Manchmal sprang sie auf meinen Schoß und sah schnurrend und blinzelnd den wachsenden Buchstabenreihen zu.

Oder Nina, die zierliche braune Burmakatze. Viele Male hüpfte, nein schwebte sie zu mir auf den Schreibtisch, setzte vorsichtig Pfote vor Pfote zwischen Papier und aufgeschlagene Buchseiten, berührte mit zurückhaltender Gebärde das klappernde Schreibgerät.

Ja, meine Katzen haben mir geholfen. Ich sitze jeden Tag am Schreibtisch, ein Zustand also, den sie gewohnt sind. Diesmal aber war es anders. Es ging um sie, und daß sie das wußten, sollte auch ich wissen. Und weitergeben an alle diejenigen, die Freude an diesen außergewöhnlichen Tieren haben, die sich mit ihnen beschäftigen und sie noch besser verstehen lernen wollen.

Denn eines steht fest beim Umgang mit einer Katze: Sie ist es, die den Bewegungsablauf von Zuneigung und Entfernung bestimmt. Spüren Sie diesem Verhalten nach, gewinnen Sie Verständnis dafür, dann ist der Grundstein für die richtige Katz-zu-Mensch-Beziehung gelegt. Und Sie werden mit Ihrer Katze viele Jahre entspannt, harmonisch und erlebnisreich zusammenleben.

Wie aus der wilden Katze die geliebte Mieze wurde

Zahlen belegen, daß in den letzten Jahren Katzen in der Gunst der Tierfreunde Hunde überflügelt haben. Über vier Millionen schnurrende Hausgenossen soll es bei uns geben, und die Tendenz ist steigend. Für Katzenliebhaber ist diese Entwicklung einsichtig, zeigt doch der Blick in die jahrtausendferne Vergangenheit, daß bereits ihr Anfang triumphal war.

Als Göttin verehrt

Mit ihrer Domestikation ließ sich die Katze länger Zeit als jedes andere unserer Haustiere. Vielleicht lag es daran, daß sie, solange die Menschen noch als Nomaden umherwanderten, sich ihnen nicht anschließen wollte. Erst als diese seßhaft wurden und Häuser bauten, zog es sie in ihre Nähe.

Ägypten, das mächtige Reich am Nil, hatte sein gesamtes Staatssystem auf Korn und Brot gestützt. Die Getreidevorräte waren in riesigen Kornspeichern gelagert und wurden mehr und mehr von Heerscharen von gefräßigen Ratten und Mäusen bedroht. Hier nun schlug die Stunde der Falbkatzen. Bis dahin hatten sie wild in Nordafrika gelebt, jetzt lockte sie der immer reichlich gedeckte Tisch. Die Katze schloß sich dem Menschen an, begab sich in seine Obhut. Freiwillig. Und er erkannte die Einmaligkeit dieses Vorgangs und machte sie zur Göttin.

Denn neben ihrer überaus geschätzten Fähigkeit, den als Vorratsvertilger und Krankheitsüberträger gefürchteten Nagern Einhalt zu gebieten, sah man in ihrer zurückhaltenden, unergründlichen Art etwas Anbetungswürdiges. Da war der Schritt nicht weit, sie in den Stand einer ägyptischen Gottheit zu erheben, deren Leben heilig war. Sie wurde als milde und gütige Göttin Bastet, Gemahlin des Sonnengotts Ra verehrt, und man stellte sie in der Gestalt einer Frau mit Katzenkopf dar. Sie hatte eigene Tempel und Friedhöfe; wobei es eine besondere Ehre war, seine »Mau«, wie man die Katze in Ägypten nannte, auf dem riesigen Friedhof von Bubastis, dem Hauptkultort der Bastet, beerdigen zu dürfen. Und wer seiner Katze etwas zuleide tat oder sie gar tötete, wurde mit dem Tode bestraft.

Als Hexe verfolgt

Das sollte leider nicht so bleiben. Denn wenn auch die Ägypter mit strengen Bestimmungen dafür sorgten, daß die Katze nicht außer Landes gebracht wurde, gelang es Schmugglern doch, sie nach Griechenland und ins alte Rom einzuführen. Dort erkannte man ebenfalls sehr schnell ihren Wert als Mäusefängerin und fand zudem mehr Gefallen an ihr als den bis dahin gehaltenen Wieseln und Schlangen. Nun war der Siegeszug der Katze um die ganze, damals bekannte Welt nicht mehr aufzuhalten. Überall galt sie als etwas Besonderes; man bewunderte neben ihrem unersetzlichen Talent als Jägerin die unvergleichliche Mischung aus unabhängigem Raubtier und sanftem, anschmiegsamem Wesen.

Doch dann setzte ihr Fall ein. Als um 1200 n. Chr. der Aberglaube blühte, wurde die ehemalige Göttin verteufelt. Das Verhängnis der Katze war, daß sie unergründlich und rätselhaft blieb und mit heidnischen Bräuchen in Verbindung gebracht wurde. 450 Jahre wurde sie zusammen mit Hexen und Ketzern zu Millionen gefoltert, verbrannt, erhängt, gesteinigt. Diese gnadenlose Jagd sollte sich fürchterlich rächen. Denn nun gebot niemand mehr den Ratten Einhalt, die in die mittelalterlichen Städte die Pest einschleppten und mit ihren Flöhen auf die Menschen übertrugen.

Ganze Städte und Landstriche wurden ausgerottet, und wiederum wollte man erst der Katze die Schuld zuschieben, weil sie in Pestgebieten – wegen der Ratten – gut gedieh.

Erst als man auf dem Höhepunkt der Pest-Zeit, der Millionen von Menschen zum Opfer fielen, den eigentlichen Urheber der Seuche entdeckte, kam die Katze wieder zu Ehren. Doch es dauerte noch bis ins 18. Jahrhundert hinein, bevor der zweite, noch heute anhaltende Aufstieg zum geliebten Haustier begann.

Katzenmutter mit Neugeborenem. Zwölf Wochen lang muß das Kleine von seiner Mutter versorgt werden. Dann ist es selbständig genug und kann von seinem neuen Besitzer mit nach Hause genommen werden.

Als Schmusetier geliebt

Einen nicht unwesentlichen Beitrag haben dabei die Dichter und Maler geleistet. Die Katze rückte zum Tier der Künstler auf. In zahlreichen Geschichten spielt sie eine Hauptrolle, denn gerade unter Schriftstellern findet man bedingungslose Katzenliebhaber, wobei ihre Zuneigung darauf beruht, daß Katzen sich an keine Bedingungen halten. Mit dem Märchen vom »Gestiefelten Kater« des Franzosen Charles Perrault fing es an. Es erschien 1697 und zeigte die Katze, beziehungsweise den Kater, in einem ganz neuen Licht. Aus dem Hexentier war ein Helfer des Menschen geworden. Die Landbevölkerung, die sich der Katze als Mäusefängerin bediente, hatte das längst gewußt. Nun wandte sich das Interesse auch der gebildeten Leute und des Adels der Katze zu. Mitte des 18. Jahrhunderts, als mit den Entdeckungen Louis Pasteurs (er wies Mikroben als Verursacher von Krankheiten und Seuchen nach und entwickelte Impfstoffe dagegen) die Hygiene Einzug in die Haushalte hielt, schätzte man die Katze als Sinnbild der makellosen Sauberkeit immer mehr. Nach der ersten Katzenausstellung 1871 in London, nach Gründungen von Katzenclubs in England und Amerika im ausgehenden 19. Jahrhundert und dem Beginn der systematischen Zucht von Katzen, war das ehemalige »Hexentier« sozusagen rehabilitiert. Und so ist aus der Göttin Bastet mit dem schmalen, hochohrigen Kopf ein Schmusetier geworden, das uns, ganz gleich, ob schlank, dick, getüpfelt oder glatt, langhaarig oder mit gewelltem Fell, vor allem deswegen gefällt, weil es sich treu geblieben ist.

Ein einfach zu haltender Hausgenosse – stimmt das auch?

Wenn Kinder von ihren Katzen erzählen, kommen die hübschesten Sachen heraus – und die stimmigsten. »Eine Katze«, erklärte mir ein kleiner Junge, »hat zwei Seiten, die eine ist weich und kuschelig, die andere spitz und scharf.« Das Wesen der Katze ist janusköpfig. Sie will ebenso für sich sein, wie sie Geselligkeit sucht. Sie will ihrer Beschäftigung als Jägerin ebenso nachgehen wie den Kontakt zu ihrem Menschen pflegen. Sie möchte ebenso durch den Garten oder durch die Wohnung wetzen wie auf ihrem Lieblingsplätzchen schläfrig vor sich hindösen.

Probier mal von meinem Joghurt.

Was man von der Katze erwarten kann

Von ihrem Verhalten her ist die Katze eine Einzelgängerin, die aber die Gesellschaft von anderen Katzen oder des Menschen nicht missen will. Doch muß der Impuls von ihr ausgehen. Sie verbringt viele Stunden am Tag schlafend oder ruhend, geht ihre eigenen heimlichen Wege und will dann auch nicht behelligt werden. Sie in solchen Momenten auf den Arm nehmen oder mit ihr spielen zu wollen, wäre ganz falsch. Sie würde darauf gar nicht oder nur unwillig reagieren, womöglich sogar kratzen und beißen. Ist eine Katze aber sozusagen bei Laune, kann sie je nach Temperament regelrecht fordernd auftreten. Sie wird so lange um Ihre Beine streichen, auf Ihren Schoß springen und Ihnen »Köpfchen« geben oder, wenn Sie am Schreibtisch sitzen, sich mitten aufs Papier setzen, bis Sie das tun, wonach ihr der Sinn steht.

Der Rest ist für dich.

Was der Mensch für die Katze tun muß

Ob Sie nun der Katze für ihre Ruhestunden ein Körbchen mit einem weichen Kissen anbieten oder nicht, spielt keine wesentliche Rolle. Vielleicht nimmt sie dieses Plätzchen gar nicht an, sondern sucht sich gerade Ihren Lieblingssessel aus oder ein sonnenbeschienenes Fleckchen auf dem Fensterbrett oder eine Ecke im gefliesten Bad, weil sich darunter das Warmwasserrohr befindet, oder – und das bei weitem am liebsten – Ihr Bett.

Notwendig für eine Katze, die in der Wohnung gehalten wird, ist allerdings ein Kratzbrett, an dem sie ihre Krallen schärfen kann, sonst tut sie es nämlich an Ihren Möbeln und Teppichen. Noch besser ist ein Kratzbaum, auf dem sie ihren natürlichen Hang zum Klettern und Turnen ausleben kann.

Jetzt noch den Finger ablecken.

Unumgänglich ist das Katzenklo. Es sollte an einem ruhigen Platz stehen, da die Katze von ihrem Verhalten her auf dem »stillen Örtchen« unbeobachtet sein will. Und wenn Sie dort nicht für penible Sauberkeit sorgen, wird die Katze nachdrücklich darauf hinweisen, was sie von einem unsauberen, nach Katzenexkrementen stinkenden Klo hält. Mir ist schon passiert, daß sie sich dann aus Protest auf die frischgewaschene Wäsche oder in den Papierkorb gesetzt hat.

Zur artgerechten Katzenhaltung gehört natürlich noch einiges mehr. Was Sie im einzelnen alles tun können, damit sich Ihre Katze bei Ihnen wohl fühlt und gesund und munter bleibt, erfahren Sie in den folgenden Kapiteln.

Vom beruhigenden Wesen der Katze

Als meine Tochter noch klein war, sagte sie mir einmal ganz glücklich: »Ich bin froh, daß wir Nina haben. Immer wenn ich weine, kommt sie an und schmust mit mir, damit's mir besser geht. Das Schöne ist, daß sie es auch tut, wenn ich brülle.«

Es heißt, daß Katzenhalter gesünder und länger leben als andere Menschen. Wenn es auch keine wissenschaftlich untermauerte Erkenntnis ist, so sprechen doch einige Gründe dafür. Der Umgang zwischen Katze und Mensch besteht hauptsächlich darin, daß sich die beiden gegenseitig berühren. Der Katzenhalter faßt sein Tier gern an, streichelt das weiche, glatte Fell, stupst seine Nase gegen die feuchte Katzennase, krault die feinen Öhrchen. Die Katze liebt es, an den Beinen des Menschen entlangzustreichen, ihren Kopf an seiner Hand zu reiben, sich auf seinen Schoß zu kuscheln. Durch diesen freundschaftlichen Kontakt ist der Mensch in der Lage, Streß abzubauen, sich zu beruhigen und zu entspannen.

Ein anderer Grund ist die Tatsache, daß die Katze, obwohl ihr immer wieder Falschheit nachgesagt wird, aufrichtig und direkt in ihrer Beziehung zum Menschen ist. Was sie will, bringt sie zum Ausdruck, und man kann sich daran halten.

Auch für alte Menschen können Katzen von ihrem Wesen her außerordentlich beruhigend sein. Sie trösten in der Einsamkeit, sind nicht aufdringlich und anstrengend, können ohne Mühe versorgt werden und strahlen, wenn sie sich schnurrend an einen schmiegen, einen grenzenlosen Frieden aus. »Eine sanfte Therapeutin« wurde sie von einer Katzenfreundin genannt, und ich finde, das ist nicht übertrieben.

Eine Katze kommt ins Haus

Mit meiner ersten Katze erlebte ich folgendes: Wir machten Ferien bei italienischen Freunden in einem abgelegenen Haus im Apennin. Eines Morgens stand unser Hund Willy knurrend und bellend vor einem Stapel Bretter und regte sich schrecklich auf. Als wir nachstöberten, entdeckten wir ein winziges Kätzchen, kaum älter als sechs Wochen. Woher der kleine Kerl gekommen war, blieb uns ein Rätsel. Weit und breit keine Nachbarn, nirgendwo eine Katzenmutter, die ihr verlorengegangenes Junges suchte. Also adoptierten wir Miou-Miou, so wie sie uns adoptiert hatte.

Diese etwas ungewöhnliche Art, zu einer Katze zu kommen, passiert gar nicht so selten. Der normale Weg allerdings ist, vorher zu beschließen, eine Katze ins Haus zu nehmen und sie sich dann sorgfältig auszusuchen. Denn Katze ist nicht Katze, und Ihnen stehen viele Möglichkeiten offen, die richtige Wahl zu treffen.

Welche Katze paßt zu Ihnen?

Sie sind ein Mensch, der tagsüber beruflich viel um die Ohren hat. Wenn Sie abends nach Hause kommen, wünschen Sie sich Ruhe und Frieden. Ihre Katze hingegen hat nur auf den Moment Ihrer Heimkehr gewartet und stürzt sich nun regelrecht auf Sie. Sie will nämlich spielen und toben, ist laut und temperamentvoll, während Sie still Ihren Feierabend genießen wollen.

Dieses Beispiel soll zeigen, wie wichtig es bei der Anschaffung einer Katze ist, auf den Typ und das Wesen zu achten. Es ist allerdings nicht ganz einfach, auf Anhieb das Temperament zu erkennen, da einem jede Katze erst einmal mit Zurückhaltung begegnet. Die Beschreibungen und Ratschläge, die ich Ihnen im folgenden gebe, beruhen auf eigener Erfahrung und langen Beobachtungen, erheben jedoch keineswegs den Anspruch auf Unanfechtbarkeit. Bedenken Sie, daß die Katze von vielerlei geprägt wird: Von der Mutter, vom Milieu, aus dem sie kommt, von den Merkmalen ihrer Rasse, wenn es sich um eine Rassekatze handelt (→ Porträts beliebter Rassekatzen, Seite 116 bis 137), und von der Umgebung, in der sie leben wird. Das heißt, eine Katze, die sich nur in der Wohnung aufhält, entfaltet sich anders als eine, die Auslauf in den Garten hat oder ganz ungebunden lebt wie eine Bauernkatze. Seien Sie also nicht enttäuscht, wenn Ihre Mieze sich am Ende doch anders entwickelt. Genaue Strickmuster sind bei einem so vielschichtigen Lebewesen nun einmal nicht möglich.

Schattiger Aussichtsplatz Baum. Von hier läßt sich alles gut überblicken, und auch Hitze mit ein wenig Hecheln gut ertragen.

13

Was bewegt sich da? Kätzchen, die von klein auf eine liebevolle Zuwendung durch den Menschen erfahren, sehen mit Vertrauen in die Welt und gehen offen und neugierig auf unbekannte »Spieldinge« zu. Vom Spiel mit Zimmerpflanzen sollten Sie Katzen allerdings abhalten. Das bekommt weder der Pflanze noch der Katze, da manche giftig sind (→ Seite 45).

Die Kontaktfreudige

Dem Menschen gegenüber legt diese Katze im allgemeinen keine sonderliche Scheu an den Tag. Nach einer kurzen Phase der Zurückhaltung wird sie freundlich auf Sie zugehen, sich streicheln und am Kopf kraulen lassen. Sie kann diese Zuwendung auch einfordern und wird wie selbstverständlich auf Ihrem Schoß Platz nehmen. Sie ist neugierig, aktiv und verspielt und schließt sich gern Kindern an – solange die sie nicht grob am Schwanz ziehen.

<u>Mein Tip:</u> Auch die kontaktfreudigste Katze verabscheut jede Aufdringlichkeit. Warten Sie, bis sie freiwillig zum Schmusen oder Spielen kommt.

Die Schüchterne

Sie ist von Natur aus zurückhaltend und geht lange Zeit auf Distanz. Bei der ersten Begegnung mit Ihnen wird sie sich erst einmal in einen Schlupfwinkel zurückziehen und von dort aus ihre Beobachtungen machen. Den Kontakt zu Ihnen nimmt sie mit Vorsicht auf, aber wenn das Eis gebrochen ist, schließt sie sich besonders anhänglich an »ihren« Menschen an. Anderen gegenüber bleibt sie aber immer scheu. Enttäuschen dürfen Sie sie nicht, da sie sich davon nur schwer erholen wird.

<u>Mein Tip:</u> Bei dieser Katze dürfen Sie nichts überstürzen. Vielleicht ist sie die kleinste unter ihren Geschwistern, und gerade deswegen haben Sie sie in Ihr Herz geschlossen. Nun müssen Sie sich in Geduld üben und ihr mit »Leckerbissen« zeigen, daß sie bei Ihnen die erste Geige spielt.

Die Ruhige

Katzenfreunde, die es beschaulich mögen, werden sich mit diesem Typ verbünden. Diese Mieze ist ausgeglichen und zeigt sich verträglich im Kreise ihrer Katzengeschwister. Sie läßt sich Zeit mit der Kontaktaufnahme, aber nicht, weil sie Angst hat, sondern weil sie mit Ruhe alles beschnüffelt und nichts übereilt. Sie ist die ideale Begleiterin auf Reisen, denn sie kann Stunde um Stunde mit eingerollten Pfötchen in ihrem Korb verbringen, ohne zu maunzen. Unter Streß leidet sie nicht, den scheint sie erst gar nicht an sich heranzulassen.
<u>Mein Tip:</u> Eine ruhige Katze bleibt auf ihrem Platz, das heißt, sie zieht sich nicht zurück, um zu beobachten. Wenn Sie diesen kleinen Unterschied erkennen, wissen Sie, wen Sie vor sich haben.

Die Kapriziöse

Vielleicht sollte man diesen Typ eher als empfindlich und sensibel bezeichnen. Sie nimmt gern übel und kann dann stundenlang »schmollen«. Und wehe, wenn ihr jemand den Platz streitig macht, auf den sie es gerade abgesehen hat. Dann hat sie Tricks auf Lager, die einem sehr schnell klarmachen, wer hier die erste Geige spielt. Dabei ist sie schreckhaft und nervös und eignet sich nicht für laute Menschen.
<u>Mein Tip:</u> Solche Eigenschaften sind eher wesenstypisch für bestimmte Rassen (→ Porträts beliebter Rassekatzen, Seite 116 bis 137). Gehen Sie vorher mit sich zu Rate, auf was Sie mehr Wert legen, auf die äußere Erscheinung oder den Charakter (→ Rassekatzen vom Züchter, Seite 19).

Eine Bemerkung zur Fellfarbe

Sie wird immer wieder in Beziehung zum Temperament der Katzen gebracht. Es wurde sogar schon versucht, wissenschaftlich zu untermauern, daß schwarze Katzen zärtlich sind, schwarzweiße gern spielen, die roten Ruhe lieben, wildfarbene die Freiheit brauchen und weiße Katzen als sensibel gelten. Diese Denkansätze sind nicht unumstritten in Expertenkreisen, und so liegt es bei Ihnen, eigene Beobachtungen zu machen und daraus Schlüsse zu ziehen.
Vielleicht interessiert Sie in diesem Zusammenhang, daß sich an der prozentualen Aufteilung der Fellfarben ablesen läßt, wie sich die Katzen über die Welt verteilt haben. So sollen zum Beispiel die Orangefarbenen aus Kleinasien und Nordafrika auf dem Seeweg nach Großbritannien und Deutschland gelangt, schwarze Katzen im Nordwesten Englands, in Marokko und Algerien stark vertreten sein. Die Gestromten haben sich von England aus durch das Rhônetal bis ans Mittelmeer verbreitet, und in Manhattan sind etwa genausoviel Schwarzweiße zu finden wie in Amsterdam. Bekanntlich wurde die Insel Manhattan von Holländern besiedelt. Sie wurden später von den Engländern vertrieben, ihre Katzen jedoch blieben.

Wie man zu einer Katze kommt

Wer sich eine Katze ins Haus holt, muß wissen, daß er es in den nächsten 12 bis 15 Jahren mit einer eigenwilligen Persönlichkeit zu tun hat. Im vorigen Abschnitt bin ich darauf ja schon eingegangen. Deswegen sollten Sie sich, wenn möglich, den neuen Hausgenossen mit Bedacht aussuchen.

»Tanz« mit der Maus. Die gesträubten Schwanzhaare zeigen, daß die Katze nur scheinbar gelangweilt wegschaut. Dabei zittert sie vor Jagdeifer und Erregung.

Versteckspiel mit »Anfassen«. So lernen Kätzchen, sich später vor dem Mauseloch in Geduld zu üben. Dem Gegner gegenüberhocken, sich belauern, den Scheinangriff wagen und im richtigen Augenblick vorschießen und zupacken.

◁ *Vorhergehende Doppelseite:*
Akrobatin auf dem Gartenzaun. Bewundernswert ist die traumhafte Sicherheit der Katze, von einer Planke zur anderen zu springen.

Die niedliche Katzenkinderstube

Wenn sich die Katzenkinderstube bei Freunden oder Nachbarn befindet, bieten sich Ihnen die besten Auswahlmöglichkeiten. Hier haben Sie Gelegenheit, sich ausführlich mit den einzelnen Kätzchen zu befassen und können am Ende dasjenige heraussuchen, das am besten zu Ihnen paßt. Sie sehen, wie die Mutterkatze von den Menschen gepflegt wird und auf diese zugeht. Gerade solche, Ihnen nebensächlich erscheinende Dinge wirken prägend auf den Charakter der Jungen. An folgendes können Sie sich halten:
• Sucht die Mutterkatze vor und während der Geburt den Schutz des Menschen, hat sie Vertrauen und überträgt es auf ihre Jungen.
• Im Abstand von jeweils 10 bis 14 Tagen können Sie die Entwicklung der Jungen verfolgen und sich dabei ein Bild von den einzelnen

Typen machen. Schauen Sie zum Beispiel, was sich beim Gerangel um die Milchquelle tut, wie die Kätzchen miteinander spielen, ob es mit dem Gang auf die Klokiste klappt und ob sie Besuchern gegenüber scheu sind (→ Seite 14 und 15).

• Lassen Sie sich bei der Wahl nicht nur von der Fellfarbe beeinflussen. Versuchen Sie vielmehr etwas von dem Wesen der Tiere zu erfahren. So kann man meistens davon ausgehen, daß aus einem frechen, vor der Hand nicht scheuenden Kätzchen eine selbstbewußte, lebhafte Katze wird. Ebenso läßt sich voraussagen, daß sich ein zaghaftes Geschöpfchen in vielen Fällen zu einer feinen, zurückhaltenden, sich ausschließlich auf einen Menschen beziehenden Katze entwickelt. Allerdings – vor Überraschungen ist man nie sicher.

Rassekatzen vom Züchter

Für sie müssen Sie nicht nur eine Menge Geld ausgeben, sondern Sie sind auch auf einen ganz bestimmten Typ fixiert, der in erster Linie vom Aussehen festgelegt ist. Doch nicht jede Katze paßt zu jedem Menschen. Perserkatzen sagt man zum Beispiel nach, daß sie gemütlich und ruhig sind, Siamesen dagegen ausgesprochen lebhaft, dauernd »sprechend« und auf Tuchfühlung zu ihrem Menschen bedacht. Da ist es besser, sich vorher mit der Beschreibung der einzelnen Rassen zu befassen und dann erst seine Wahl zu treffen (→ Porträts beliebter Rassekatzen, Seite 116 bis 137). Hinzu kommt die Pflege, denn Langhaarkatzen, wie es die Perser sind, müssen jeden Tag gekämmt und gebürstet werden, sonst verfilzt ihr Fell.
Im übrigen ist beim Kauf einer Rassekatze folgendes zu beachten:

• Kaufen Sie sie am besten beim Züchter. Adressen vermitteln Zoofachgeschäfte, eventuell Tierärzte. Auch bei einem Edelkatzenzüchterverband oder bei Rassekatzenverbänden (→ Adressen, Seite 141) lassen sich Wurfmeldungen der verschiedenen Rassen erfragen.

• Wenn Sie eine Katze haben wollen, die als »Ausstellungstier« oder »zur Zucht geeignet« gilt, müssen Sie meistens lange darauf warten und überdies den höchsten Preis zahlen.

• Kätzchen, die in Form und Farbe nicht genau dem gewünschten Standard (→ Seite 114) entsprechen, gelten als »Liebhabertiere«. Sie sind dann nicht für die Zucht geeignet und werden manchmal billiger abgegeben.

• Rassekatzen sehen als Erwachsene vor allem in der Fellfarbe und -zeichnung oft anders aus als im Babyalter. Das sollten Sie wissen, wenn Sie sich in ein besonders süßes Kätzchen verliebt haben. Schauen Sie sich die Fotos in den Rasse-Porträts an (→ Seite 116 bis 137) – dort sind junge und erwachsene Katzen abgebildet –, und lassen Sie sich auch vom Züchter dazu beraten.

• Aufschlußreich ist der Besuch einer großen Katzenausstellung. Dort kommen Sie mit vielen Katzenzüchtern und -haltern ins Gespräch und können sich informieren.

• Beim Kauf einer Rassekatze aushändigen lassen sollten Sie sich
1. den Stammbaum; er muß die Namen und Farben der Ahnen von vier Generationen enthalten;
2. den Impfpaß; er enthält den Nachweis über die Impfungen gegen Katzenseuche, Katzenschnupfen und Tollwut. Ein zur Zucht vorgesehenes Tier kann auch schon das erste Mal gegen Leukose geimpft sein (→ Schutzimpfungen, Seite 61).

• Erkundigen Sie sich, ob das Kätzchen entwurmt ist.

Türkische Van Katze am Gartenteich. Sie ist sehr temperamentvoll, tobt viel herum und geht – ganz katzenuntypisch – gern baden (→ Seite 123).

Auf dem Sprung sein, Angreifen und sich selbst Verteidigen gehört zu Kätzchens täglichen Übungen. Wer oben sitzt, hat noch immer die bessere Übersicht. Und wenn's langweilig wird, fängt man die nächste Keilerei an.

Die Katze aus dem Tierheim

Für diese Möglichkeit spricht nicht nur der Entschluß, einem verlassenen oder herrenlosen Tier eine neue Heimat zu gewähren. Es gibt auch noch ein paar ganz konkrete Überlegungen, die für die Aufnahme einer schon älteren Katze ins Gewicht fallen.

• Sie sind noch jung, haben gerade mit Ihrem Beruf begonnen und wissen nicht, was das Leben an Veränderungen für Sie parat hat. Für ein junges Kätzchen müssen Sie durchschnittlich 15 Jahre Verantwortung übernehmen. Bei einer älteren Katze verkürzt sich dieser Zeitraum.

• Sie haben noch sehr kleine Kinder, möchten diese aber zusammen mit einem Tier aufwachsen lassen. Hier empfiehlt sich eine jüngere, erwachsene Katze. Sie sollte an viele soziale Kontakte gewöhnt, lieb und sanft sein. So eine Katze ist in der Lage, sich dem ungestümen Zugriff kleiner Kinderhände zu erwehren, ohne zu kratzen und zu beißen (→ Welche Katze paßt zu Ihnen, Seite 13).

Vermittlung: Mittlerweile vermitteln nicht nur Tierheime herrenlose Katzen, sondern es gibt auch Zoofachhändler und Privatpersonen, die diesen Dienst verantwortungsvoll wahrnehmen. Lassen Sie sich keine Katze geben, die nicht geimpft und entwurmt wurde und über den entsprechenden Nachweis verfügt. Je genauer sich der Vermittler erkundigt, wie und wo die Katze untergebracht sein wird, desto mehr Vertrauen können Sie auch ihm schenken. Es zeigt, daß es ihm vor allem um das Wohlbefinden der Katze geht (→ Adressen und Literatur, Seite 141).

Hinweis: Solche Katzen haben manchmal schon viel mitgemacht und können schwierig sein. Seien Sie sich darüber im klaren, daß Sie für so ein Tier sehr viel Geduld und Zuwendung aufbringen müssen, um das verlorengegangene Vertrauen wiederherzustellen (→ Eingewöhnung, Seite 28).

Zwölf Wochen alte Burmakatzen (Lilac und Chocolate) beim Spiel. Was sich für den Menschen immer wieder als entwaffnend komisches Schauspiel darbietet, ist für kleine Katzen ein Lernspiel. Sie trainieren ihre Muskeln, üben ihre Bewegungen zu beherrschen und sich mit Pfoten, Krallen und Zähnen gegen einen Angreifer zu wehren.

Katzen über Zeitungsinserate

Hinter den unter der Rubrik »Tiermarkt« stehenden Anzeigen verbergen sich leider die verschiedensten Interessen.

• Katzenfreunde, denen es wirklich nur um die gute Unterbringung der Jungen zu tun ist. Viele geben die Kätzchen kostenlos ab, es sei denn, sie haben schon die Impfungen sowie die Entwurmung durchführen lassen und lassen sich diese Auslagen zurückerstatten.

• Geschäftemacher, die ihre Katze nur zum Geldverdienen Junge kriegen lassen und das so oft wie möglich. Sie verlangen eine Schutzgebühr – damit ist schlichtweg der Kaufpreis gemeint – und haben die Kätzchen meistens nicht impfen lassen.

• Rassekatzenbesitzer, die sogenannte Liebhabertiere abgeben (→ Seite 19).

• Züchter, die das Geschäft professionell betreiben. Genaue Angaben erfahren Sie über einen Rassekatzenverband (→ Adressen und Literatur, Seite 141). Dort eingetragene Züchter unterliegen strengen Regeln.

Katzen aus dem Zoofachhandel

Wer ist noch nicht in einer Zoofachhandlung hängengeblieben, wenn sich dort Katzenkinder munter-tapsig herumbalgten. Ehe man sich's versieht, hat man das naseweise Dreifarbige mit der schwarzen Piratenbinde ums Auge ins Herz geschlossen und möchte es kaufen. Da es sich meistens um Rassekätzchen handelt, ist nicht nur wegen des Preises Umsicht geboten. Überstürzt sollten Sie auf keinen Fall handeln, sondern mit genau derselben Sorgfalt vorgehen, wie ich sie beschrieben habe. Sehen Sie sich den Laden gut an, denn leider gibt es auch in dieser Branche »schwarze Schafe«, denen es nur auf das Geschäft ankommt. Ein guter Zoofachhändler wird seine Katzen sauber, mit Spiel- und Kuschelmöglichkeiten halten und ihnen neben einer artgerechten Ernährung auch die nötige Zuwendung schenken. Außerdem wird er Ihnen bei der Auswahl mit Rat und Tat zur Seite stehen.

Eine Katze läuft Ihnen zu

Vielleicht ergeht es Ihnen so wie mir in der eingangs erzählten Geschichte. Meistens streicht die Katze miauend um Ihr Haus herum und bettelt um Futter. Doch nicht jede dieser Katzen ist herrenlos. Es soll Tiere geben, die, aus welchen Gründen auch immer, buchstäblich zwischen zwei Häusern hin- und herpendeln. Wenn sie Ihnen gepflegt und gut genährt erscheint, haben Sie es eventuell mit einer Katze zu tun, die gern zwei Herren »dient«. Auf alle Fälle sollten Sie nicht nur in der Nachbarschaft herumhorchen, ob ein Tier vermißt wird. Melden Sie im Tierheim, daß Ihnen eine Katze zugelaufen ist, und geben Sie den Tätowierungscode (→ Seite 38) an, wenn vorhanden. Wie glücklich kann man einen Katzenbesitzer machen, der seine Mieze schon verloren glaubte.

Doch selbst eine heruntergekommene Katze muß nicht herrenlos sein. Sie sollten jedenfalls versuchen, den Besitzer ausfindig zu machen. Das kann natürlich dauern. Versuchen Sie, das Vertrauen der Katze zu gewinnen, indem Sie ihr regelmäßig Futter hinstellen. Sobald sie sich anfassen läßt, sollten Sie sie vom Tierarzt impfen und entwurmen lassen.

Zwei Katzen sind besser als eine

Der Katze wird zwar nachgesagt, daß sie am liebsten allein lebt, aber vor allem in der Wohnung muß man sich ihre Situation einmal vor Augen halten. Ein sicheres Dach über dem Kopf, gemütliche, warme Ruheplätzchen, ein stets gefüllter Futternapf, ein Revier, das ihr niemand streitig macht – wo bleiben da aus kätzischer Sicht die Herausforderungen? Manche Katzen sind regelrechte Einzeltiere. Sie schließen sich sehr eng an ihren Menschen an und wollen ihn auch mit keinem anderen Tier teilen. Anderen wiederum fehlen die sozialen Kontakte, und sie empfinden Langeweile. Vor allem, wenn Sie berufstätig sind, würde ich Ihnen zu einer zweiten Katze raten. Möglich sind

• zwei Geschwister aus einem Wurf: Beobachten Sie sie, damit Sie diejenigen herausfinden, die sich gut vertragen;
• eine ältere und eine junge Katze: Wählen Sie so, daß die neue im Temperament gut zu der alteingesessenen paßt;
• zwei erwachsene Katzen: Gewöhnen Sie sie mit viel Takt und Fingerspitzengefühl aneinander und bieten Sie ihnen genügend Platz in der Wohnung, damit jede ihr eigenes Revier abstecken kann (→ Altes Heimtier und neue Katze, Seite 23).

Ein beeindruckendes Rassekatzen-Gesicht. Perser Weiß mit verschiedenfarbigen Augen (Odd-eyed).

Katze oder Kater?

Ich hatte beides, kann aber beim besten Willen keine Empfehlung aussprechen. Meine erste Katze Miou-Miou, das aus Italien importierte Findelkätzchen, war eigenwillig und launisch und pflegte wie ein Kater im Stehen zu pinkeln. Nina, die Burmakatze, ist das geradezu sprichwörtliche Streicheltier. Morellino, der Kater, zeigte seine Liebe mit umwerfender Heftigkeit, und Matilda, die groß und stattlich ist wie ein Kater, wirft sich an einen und schnurrt lärmend und voll Inbrunst. Sagen diese Beschreibungen nun etwas über das Geschlecht aus? Ich glaube nicht. Bedenken Sie jedoch vorher:

Eine Katze wird zwischen dem 6. und 12. Lebensmonat geschlechtsreif und dann zwei- bis dreimal im Jahr rollig, das heißt zur Paarung bereit. Hat sie freien Auslauf, kann sie ebensoviele Male Junge bekommen. In der Wohnung hingegen, wo sie normalerweise auf keinen Kater trifft, bleibt sie 10 Tage, manchmal sogar 2 bis 3 Wochen in höchst lautstarker Liebesstimmung. Ein sehr anstrengender Zustand sowohl für die Umgebung als auch für die Katze selbst, außerdem ihrer Gesundheit nicht gerade zuträglich.

Ein Kater wird im Alter von 9 Monaten geschlechtsreif und markiert dann sein Revier, indem er überall Urin herumspritzt. In der Wohnung stinkt das fürchterlich.

Mein Tip: Wenn Sie das Tier kastrieren lassen, werden diese Probleme von vornherein vermieden (→ Seite 35).

Altes Heimtier und neue Katze – ein sensibles Thema

Altes Heimtier, sei es nun Hund oder Katze, und neues Kätzchen ist eine Sache, die man mit Fingerspitzengefühl regeln muß. Leider ist es nicht gesagt, daß sie immer harmonisch ausgeht. Auf jeden Fall sollten Sie mit den Gefühlen des alteingesessenen Tiers vorsichtig umgehen und es nicht spüren lassen, daß Sie dem neuen den Vorzug geben, weil es jung und süß ist.

Quirlig, temperamentvoll und immer zum Spielen bereit ist die Siamkatze (Creme Point, 11 Wochen). Sie ist sehr anhänglich und nur für Menschen geeignet, die viel Zeit haben.

Eine Katze, die bis dahin alleiniges Tier im Haushalt war und im Mittelpunkt stand, wird sehr darunter leiden, wenn man ihr wegen des Neuankömmlings nicht mehr die gleiche Aufmerksamkeit zuwendet. Sie wird möglicherweise mit Verhaltensstörungen reagieren, zum Beispiel nicht mehr fressen oder mitten auf dem Teppich ihr Geschäft verrichten (→ Wenn die Katze plötzlich nicht sauber ist, Seite 34). Lassen Sie es also nicht an der gewohnten Zuwendung fehlen und achten Sie darauf, daß genügend Platz vorhanden ist, damit sich die beiden aus dem Weg gehen können. Geben Sie der Neuen an einem anderen Ort Futter und stellen Sie ein zweites Katzenklo auf, auch das weit entfernt von dem der Alteingesessenen.

Einem Hund können Sie beibringen, den neuen Hausgenossen zu akzeptieren, auch wenn er schon lange in der Familie ist (→ Begegnung mit anderen Heimtieren, Seite 24). Bei Willy, unserem Mischling, kam mir der Umstand zu Hilfe, daß wir gerade in eine neue Wohnung umzogen. In die brachte ich zuerst das Kätzchen und ließ danach den Hund dazu. Und siehe da, es funktionierte. Willy akzeptierte das fauchende und spuckende Katzenbündel als ihm überlegen, und fortan regierte Miou-Miou als Königin.

Begegnung mit anderen Heimtieren

Ganz gewiß können Sie eine Katze mit anderen Heimtieren zusammenleben lassen. Wenn es zu Mißverständnissen kommt, liegt das meist an der Unkenntnis über die verschiedenen Verhaltensformen der einzelnen Tiere. Katzen werden vor Tieren, die kleiner sind als sie, keine Angst haben, sie möglicherweise als Leckerbissen oder Spielzeug ansehen. Tiere indessen, die gleich groß oder größer sind, gelten zumindest so lange als Feinde, bis die Katze sich vom Gegenteil überzeugen konnte. Immerhin muß sie sich zuerst vergewissern, daß weder Sicherheit, noch Rang, noch Revier bedroht sind.

Hund: Die angebliche Erbfeindschaft zwischen Hund und Katze ist ein Märchen. Doch gibt es Katzen, die Hunde nicht ausstehen können und umgekehrt. Oft sind es auch einfach Verständigungsschwierigkeiten. Schwanzwedeln bedeutet beim Hund eine freundliche, entspannte Geste der Annäherung, während es bei der Katze ein negatives Zeichen für Ärger, Verstimmung, Erregung und Angriff ist. Hebt der Hund die Pfote, will er spielen, während die Katze sie als Drohgeste benutzt.

Gut geht es
• wenn zwei Tiere von klein auf zusammengehalten wurden; sie sind aneinander gewöhnt und »verstehen« sich;
• wenn zu einem erwachsenen Hund ein junges Kätzchen kommt, wobei ich einschränkend sagen möchte, daß es von der jeweiligen Hunderasse abhängt (Jagd- oder Wachhunde sind in der Regel nicht katzenfreundlich); gutmütigen und gut erzogenen Hunden kann man beibringen, daß die Katze von nun an zum Rudel gehört.

Nur bedingt oder nicht gut geht es, wenn zu einer erwachsenen, sehr im Mittelpunkt stehenden Katze ein junger Hund kommt. Sie kann ihn dermaßen unterdrücken, daß aus ihm ein ängstliches, unglückliches Tier wird, das sich ständig verkriecht.

Meerschweinchen und Hamster: Mit Meerschweinchen können Katzen sich anfreunden, aber verlassen sollte man sich nicht darauf. Hamster werden sie wahrscheinlich als Beute ansehen.

Zwergkaninchen: Je nach Temperament der Katze kann man die beiden aneinander gewöhnen. Wachsamkeit und viel Geduld sind auf jeden Fall nötig.

Wellensittiche und Kanarienvögel: Katzen machen auf Vögel Jagd und fressen sie auf. Wobei auch hier, wie Geschichten immer wieder belegen, Ausnahmen die Regel bestätigen.

Papageien und größere Sittiche: Sie können eifersüchtig werden und die Katze mit ihren Schnäbeln verletzen; umgekehrt kann diese nach ihnen tatzeln und sie beißen.

Das alles braucht die Katze

Auf diesen Seiten finden Sie alle Utensilien, die eine Katze braucht, wenn Sie mit Ihnen in der Wohnung zusammenlebt.

Katzenkorb
Foto 1
Zum Ruhen und Schlafen braucht die Katze einen Platz, an dem sie

1 | *Einen Korb braucht die Katze als festen Schlaf- und Ruheplatz.*

ungestört ist. Ein Korb, wie er hier abgebildet ist, bietet ihr Schutz und Geborgenheit zugleich. Legen Sie ein Kissen mit einem waschbaren Überzug hinein, und stellen Sie den Korb an einem warmen, zugfreien Ort auf, wo er auch stehenbleiben sollte. Allerdings kann es durchaus sein, daß

sich Ihre Katze ein anderes Lieblingsplätzchen auserwählt, und dann nützt das gemütlichste Körbchen nichts.

Katzenklo
Foto 2
Das Katzenklo ist unerläßlich, auch wenn die Katze Auslauf ins Freie hat, es sei denn, sie wohnt auf dem Land und erledigt ihr Geschäft prinzipiell draußen. Katzenklos werden im Zoofachhandel in verschiedenen Ausführungen angeboten.
Eine einfache Plastikwanne eignet

2 | *Das Katzenklo sollte an einem ruhigen, geschützten Ort stehen.*

sich auch gut zum Mitnehmen auf Reisen. Praktisch ist die Plastikwanne mit aufgesetztem Rand. Aus ihr kann beim Herumscharren die Katzenstreu nicht so leicht herausfliegen. Noch sauberer ist das Katzenklohaus mit Schublade, da es Katzen gibt, die im Stehen urinieren.

Als Einstreu dient die spezielle Katzenstreu. Sie ist geruchsbindend und muß natürlich garantiert asbestfrei sein (auf den Hinweis achten!). In Packungen zwischen 7 und 20 kg erhältlich. Umwelttip: Der Zoofachhandel bietet inzwischen biologische Katzenstreu an, die frei von jeglichen Chemikalien und Farbstoffen ist und als reines Naturprodukt auf den Komposthaufen geworfen werden kann. Kot vorher entfernen.

Pflegeutensilien und Spielzeug
Foto 3
Für die Pflege: Kamm und Bürste dienen der Fellpflege. Kurzhaarkatzen müssen nur zur Zeit des Haarwechsels gebürstet werden, damit sie nicht zu viele abgestorbene Haare verschlucken. Langhaarkatzen hingegen brauchen eine regelmäßige Fellpflege, sonst verfilzt ihr Haar, und das Kämmen wird zur Quälerei.
Und das ist notwendig:
Für Kurzhaarkatzen
1 Gumminoppenbürste (→ Foto) oder 1 Bürste mit festen, aber nicht zu harten Naturborsten
1 Wildledertuch, das dem Fell den letzten Glanz gibt
Für Halblanghaar- und Perserkatzen
1 Bürste mit gebogenen Drahtborsten
1 Metallkamm mit groben Zähnen
1 Metallkamm mit feinen Zähnen

3 | *Kamm und Bürste, Bällchen und Mäuschen sind für das Wohlbefinden einer Katze notwendig.*

1 Trennmesser zur Entfernung
  von Fellknoten

Zum Spielen: Spielzeug für Katzen
hält der Zoofachhandel parat. Das
Angebot reicht von Mäuschen
in allen Variationen über Bällchen
bis zu Kauknochen und vielem
mehr. Nur Hartgummibällchen
nehmen, von weichen Schaum-
gummibällchen rate ich ab, da
Katzen sie zerbeißen und fressen.
Leere Garnrollen, Wollknäuel,
Korken, Dächer aus Zeitungspapier, leere Kartons kann man
selbst beisteuern.

4| *Eine Katze kann an das Spazierengehen an der Leine gewöhnt werden.*

5| *Am Kratzbrett sollte sich die
Katze aufrichten können.*

6| *Bei aller Freundschaft sind die
Geschmäcker sicher verschieden.*

7| *Die schmalen Blätter des Zy-
pergras mögen Katzen sehr gern.*

Katzengeschirr
Foto 4

Es schadet nicht, Katzen an die
Leine zu gewöhnen, auch wenn
sie nicht »Gassi« gehen lernen
wie der Hund. Am praktischsten
ist das Katzengeschirr, das um
Brust und Bauch führt und die
Katze nicht zu würgen droht,
wenn sie sich gegen das Geführt-
werden sperrt. Ein Halsband mit
Adreßanhänger für Katzen, die
ohne Aufsicht ihre Umgebung erkunden, sollte einen Gummizug
haben, damit sie sich beim Hän-
genbleiben nicht strangulieren.

Kratzbrett
Foto 5

Zum Krallenschärfen braucht die
Katze ein Kratzbrett. Es muß stabil
sein, sonst hat es die Katze im Nu
zerschlissen und macht sich doch
wieder über Möbel und Teppiche
her. Am besten eignet sich ein
Brett, das mit grobem Sisalhanf
bespannt ist. Es wird so hoch an
den Türpfosten oder die Schrank-
wand genagelt, daß sich die Katze daran aufrichten kann.

Futter- und Trinknapf
Foto 6

Sie sollten möglichst schwer und
standhaft sein, am besten aus
glasiertem Ton oder Porzellan
(im Zoofachhandel erhältlich). Es
empfiehlt sich, sie auf eine Unter-
lage zu stellen, da die Katze beim
Fressen drumherum »dreckelt«.
Gebraucht werden zwei Näpfe:
einer für Futter und einer für
Wasser. Für Perser nimmt man
besser eine sehr flache Schüssel.

Katzengras
Foto 7

Katzen brauchen »Grünzeug«,
wahrscheinlich, um die beim Putzen verschluckten Haare wieder
zu erbrechen. Wohnungskatzen
machen sich mit Vorliebe über die
Zimmerpflanzen her. Doch eine
ganze Reihe davon sind für Katzen
giftig (→ Gefahren für die Katze,
Seite 45). Gewöhnen Sie die Katze also an das für sie bestimmte
Gras, das es im Zoofachhandel in
Kästchen eingesät zu kaufen gibt.
Auch Zypergras (*Cyperus alterni-
folius*) und Grünlilie (*Chlorophy-
tum*) mag sie zum Fressen gern.
Achten Sie bei Zypergras darauf,
daß die Blätter weich und biegsam
sind. An den alten, scharfkantigen
kann sich die Katze innere Verletzungen zuziehen.

Mit der Katze leben

Mit der Katze zusammenleben heißt, sich an ihre widersprüchliche Natur zu gewöhnen. Eben noch ganz sanftes Tier mit streichelweichem Fell, Samtpfoten, anmutigen Bewegungen und anschmiegsamem Wesen zeigt sie sich kurze Zeit darauf zurückhaltend, unabhängig von den Gefühlen, die ihr der Mensch entgegenbringt. Auf dieses Wechselspiel von Annäherung und Abstand sollte man sich im Umgang mit der Katze einstellen.

Katze bei mir möchte ich sein, denke ich manchmal, wenn ich meinen beiden den Tag über so zusehe. Sie können sich jederzeit auf den gemütlichsten Plätzchen breitmachen, kriegen regelmäßig ihr Futter und Streicheleinheiten, wann es sie danach gelüstet. Offensichtlich scheinen sie zu glauben, daß die Menschen ausschließlich für ihre Bequemlichkeit geschaffen wurden. Das ist natürlich nur eine Vermutung. Sicher ist hingegen, daß Sie noch besser mit der Katze zusammenleben werden, wenn Sie wissen, wie sie zum Beispiel ihr Revier erobert, sich zu anderen Heimtieren verhält oder die Rangordnung zu einer zweiten Katze regelt. Auch auf alle Fragen in Sachen Sauberkeit, Erziehung oder Vermeidung von Gefahren werden Sie hier Antwort finden.

Eingewöhnung – eine Sache des Temperaments

Endlich ist es soweit. Holen Sie Ihre neue Hausgenossin im Transportkorb ab, am besten mit dem Auto und zu zweit. Da kann einer während der Fahrt beruhigend mit dem Tier reden. Zu Hause stellen Sie den Korb auf seinen Platz und öffnen die Tür. Nun beginnt die Phase des Eingewöhnens. Falls Sie sich, wie ich es im vorhergehenden Kapitel beschrieben habe, schon eine Zeit lang mit der Katze befaßt haben, kennen Sie jetzt bereits ihr Temperament.

Wenn die Katze jung ist
Am besten, Sie lassen das Kätzchen, das nicht jünger als 12 Wochen sein sollte, erst einmal ein Zimmer in aller Ruhe erkunden. Der Raum muß natürlich frei von Gefahren sein (→ Seite 45). Stellen Sie das Katzenklo mit hinein, dazu ein Schälchen mit dem Futter, an das das Kätzchen gewöhnt ist (beim Vorbesitzer erkundigen) und ein Schälchen mit Wasser. Hocken Sie sich neben den Transportkorb und locken Sie das Kätzchen leise mit seinem Namen. Sicher wird es vor sich hinmiauen, um die Mutter und Geschwister herbeizurufen. Wenn Sie ihm mit sanfter Stimme Antwort geben, lernt es Sie langsam kennen und gewinnt Zutrauen zu Ihnen.
Mein Tip: Wenn dem Tier keinerlei Gefahr droht, können Sie es ruhig auch über Nacht in dem Zimmer lassen. Sobald es seine Angst vor der neuen Umgebung verloren hat, wird es sich nicht mehr in seinen Schlupfwinkel zurückziehen.

Wenn die Katze älter ist

Im Prinzip wird sich die Eingewöhnung nicht anders abspielen als beim jungen Kätzchen. Doch da die Katze in ihrer alten Umgebung schon eine Prägung erfahren hat, müssen Sie darauf Rücksicht nehmen und sich besonders einstellen.

<u>Die ängstliche Katze:</u> Möglicherweise hat sie schlechte Erfahrungen mit Menschen gemacht. Versuchen Sie herauszufinden, wovor sie Angst hat. Das können Bewegungen, Geräusche oder viel Trubel in der Familie sein. Vielleicht haben Sie schon ein anderes Heimtier, einen Hund oder einen Papagei, vor dem sie sich fürchtet. Üben Sie keinen Zwang aus und lassen Sie der Katze immer den Rückzug in ein Versteck. Sie braucht viel Ruhe und darf nicht erschreckt werden durch unvermitteltes Auf-sie-Zukommen. Das würde sie nur noch scheuer machen.

<u>Die schwierige Katze:</u> Da hilft nur viel Liebe und Geduld (→ Die Katze aus dem Tierheim, Seite 20). Diese Katze kratzt und beißt, wenn man sie anfassen will. Greifen Sie nicht nach ihr, stellen Sie ihr regelmäßig zu fressen hin und legen Sie ein gleichmäßiges Verhalten an den Tag. Allmählich lernt sie Sie kennen und gewinnt vielleicht doch Zutrauen.

Schwierig wird es für eine Katze auch, sich an einen neuen Menschen zu gewöhnen, wenn sie über 10 Jahre alt ist. Sie hat so an Herrchen oder Frauchen gehangen, daß sie sich vor Heimweh und Kummer nur verkriecht und zu verhungern droht. Hier ließe sich mit homöopathischen Heilmitteln, die aufbauend wirken, Abhilfe schaffen. Beraten Sie sich mit einem Tierarzt, der Erfahrung in homöopathischer Tierbehandlung hat.

Annäherung mit Vorbehalten. So ganz geheuer scheint es den beiden nicht zu sein. Doch da die Ratte noch nie einer Katze begegnet ist, kommt sie ihr unbefangen entgegen. Und Kater Robin hat gelernt, daß er die Tiere bei sich zu Hause nicht jagen darf.

Reviereroberung

Hauskatzen lassen sich nach den Bedingungen, unter denen sie leben, in drei Kategorien einteilen:

• Wohnungskatzen. Ihnen steht als Revier die Wohnung und eventuell noch der Balkon zur Verfügung.

• Katzen mit Auslauf ins Freie. Sie kommen zusätzlich zur Behausung des Menschen noch in den Genuß eines Gartens, eines Hofs oder im besten Fall der freien Natur. Unter diesem Gesichtspunkt sind Wohnungskatzen im Nachteil. Dennoch kann man einiges dafür tun, daß sie in ihren Verhaltensweisen, die sie von draußen nach drinnen übertragen, nicht allzusehr eingeschränkt sind.

• Bauernkatzen. Sie leben in Stall und Scheune und in der freien Natur.

Das Heim erster Ordnung: Es ist der ruhende Pol im Leben der Katze, meist ein Zimmer oder sogar nur eine Ecke in einem Raum des Hauses, in dem sie lebt. Sie sucht es sich ziemlich bald, nachdem sie die Wohnung kennengelernt hat, und verbringt dort viele Stunden am Tag. Nina, eine sehr zierliche Katze, fand auf dem schmalen Heizkörper in der Küche ihr gerade richtiges Plätzchen. Seit wir umgezogen sind, besetzt sie einen ähnlich warmen Ort, nämlich das Fensterbrett hinter meinem Schreibtisch. Von dort kann sie auch immer mal wieder mitten auf meine Arbeit springen und Kontakt mit mir aufnehmen. Matilda saß früher am liebsten oben auf dem Küchenschrank. In der neuen Wohnung schwankte sie zuerst zwischen der breiten Sofalehne und dem Bett meines Mannes. Da wir inzwischen das Sofa gewechselt haben, macht sie sich nunmehr ausschließlich auf dem Bett breit (Was die Katze lernen sollte, → Seite 40).

Mütterliche Fürsorge. Das sechs Wochen alte Kätzchen hat sich verstiegen und miaut kläglich. Mit dem Rückwärtsklettern klappt es in diesem Alter noch nicht so recht. Da muß die Mutter nachhelfen. Danach schleckt sie das Kleine zur Beruhigung von vorn bis hinten ab.

Das Revier: Als solches gilt die übrige Wohnung und alles, was dazu gehört, also Balkon, Terrasse oder Dach. Hier streift die Katze umher, spielt, trifft sich mit anderen Bewohnern, zum Beispiel einer zweiten Katze, oder sucht Schlupfwinkel auf. Offensichtlich gibt es sogar Reviergrenzen, auf denen die eine Katze der anderen Wegerecht einräumt. In diesem Fall begrüßen sich die beiden mit Nasenkontrolle und hochgestelltem Schwanz.

Eine Wohnung nach Katzengeschmack

Eine Katze, die sich mit ihrem Menschen eine Einzimmerwohnung teilt, kann es darin mindestens so interessant haben wie eine, der mehrere Räume zur Verfügung stehen. Von kätzischer Sicht aus ist es die Vielfalt, die für die Anregung sorgt. Daß Gefahren, die der Katze bei ihren Erkundungsgängen drohen können, vermieden werden sollten, versteht sich von selbst (→ Gefahren für die Katze, Seite 45).

Platzanspruch: Für die Katze ist ein Raum, den sie, ohne sich zu bewegen, von einem einzigen Punkt aus beobachten kann, auf die Dauer langweilig und reizlos. Vielleicht läßt er sich so aufteilen, daß sich darin interessante, attraktive Schlupfwinkel und Nischen ergeben. Kurzweiliger sind mehrere Räume, darunter auch Küche und Bad. Sie lassen sich immer mal wieder inspizieren, das heißt, die Katze wird dazu ermuntert, sich zu bewegen.

Einrichtung: Katzen, die nach draußen können, suchen Plätzchen auf, die warm, trocken, auf zwei Seiten geschlossen und möglichst erhöht sind. So etwas läßt sich auch in der Wohnung einrichten. Im Zoofachhandel werden die verschiedensten Modelle von Kratz- und

Kletterbäumen mit unterschiedlich hoch angeordneten Kuschel-höhlen und Sitzbrettern angeboten. Wenn Sie handwerklich begabt sind, können Sie so ein Möbel nach Ihrem Geschmack basteln.

• Die tragende Säule – ein Rund- oder Vierkantholz (gibt es in Baumärkten oder Gartencentern, Abteilung Gartenholz, zu kaufen) oder ein dicker, sich verzweigender Ast – mit Sisalhanf umwickeln. Sie muß standfest sein und wird am besten mit Winkeleisen an Fuß-boden und Wand oder Decke befestigt.

• Bretter auf verschiedener Höhe laden zum Sitzen ein.

Verschönerung: Sie gilt natürlich auch für fertig gekaufte Kletter-bäume.

• Auf einem dicken Sisalseil können die Katzen balancieren oder turnen (→ Fotos, Seite 4 und 5).

• An Gummibändern aufgehängte Stanniolkugeln, Fellstückchen und bunte Bänder laden zum Spielen ein.

Spannend für Katzen sind in der Wohnung auch Kartons, die sie selbst öffnen und in die sie hineinklettern, umgekehrt aufgestellte Kisten, unter denen sie sich verstecken, ausgebreitete Zeitungen, mit denen sie herumraschelnd können. Wichtig ist dabei die Ab-wechslung.

Sauberkeit – kein Problem

Die Katze gilt als Muster der Sauberkeit. Sie geht, einmal dazu erzo-gen, nicht nur allein auf ihr Klo, sie vergräbt ihr Geschäft auch noch sorgfältig und sorgt sozusagen dafür, daß wir durch den Geruch nicht belästigt werden. Was kann dem Menschen, dem es um die Reinlichkeit in seiner Wohnung zu tun ist, gelegener kommen?

Das Verscharren der Hinterlassenschaften ist allerdings keine ange-borene Eigenschaft, sondern ein Zeichen der Rangordnung (→ Kö-nigin in ihrem Revier, Seite 94). Dominierende, freilebende Katzen lassen ihren Kot an möglichst auffallenden Stellen als »Duftdro-hung« unbedeckt. Freundliche oder untergeordnete Katzen hinge-gen verscharren ihn. Deswegen, so lautet die Schlußfolgerung, tun sie es auch im Zusammenleben mit dem Menschen, vorausgesetzt, es ist harmonisch und störungsfrei (→ Wenn die Katze plötzlich nicht sauber ist, Seite 34). Damit es auch immer so bleibt, müssen Sie einige Voraussetzungen erfüllen.

Platz für das Katzenklo: Toilette, Bad, ruhiger, geschützter Ort.

Sauberhaltung: Katzenstreu 3 bis 4 cm hoch einstreuen. Täglich Kot und feuchte Streu mit einem Schäufelchen herausnehmen und et-was frische Streu nachschütten. Bei einer Katze, die gesund und artgerecht gehalten wird, genügt es, einmal pro Woche sämtliche Katzenstreu in eine Plastiktüte zu füllen und auf den Müll zu tragen. Nicht in die Toilette schütten! Katzenklo mit heißem Wasser aus-spülen. Kein Spül- oder Desinfektionsmittel benützen, weil Katzen das nicht »riechen« können und womöglich ihr Klo verschmähen. Trockenwischen und frische Streu einfüllen.

Klo für mehrere Katzen: Zwei Katzen regen sich zu häufigerem Klo-gehen an. Warum das so ist, weiß ich nicht, aber Sie müssen das berücksichtigen und entweder die Streu öfter wechseln oder gleich von vornherein ein weiteres Katzenklo aufstellen.

Zum Bild:
Fang die Maus. Liebevolles Ver-ständnis zeigen Kind und Siam-katze füreinander. Mit behutsamer Geste langt die Katze nach dem ihr ruhig dargebotenen Spielzeug.

Leichte Beute. Katzen und Vögel in Gesellschaft, das geht meistens nicht gut. Auf jeden Fall darf der Käfig für eine geschickt mit der Pfote hantierende Katze nicht so leicht zugänglich sein, sondern muß an einem unerreichbaren Platz aufgehängt oder -gestellt werden.

Wenn die Katze plötzlich nicht sauber ist

Noch bis vor kurzem ist Ihre Katze brav auf ihre Toilette gegangen oder hat ihr Geschäft draußen im Freien verrichtet. Plötzlich pinkelt sie in den Papierkorb oder hinterläßt Häufchen auf dem Teppich. Dafür gibt es mehrere Gründe.

<u>Die Katze ist krank oder alt.</u> Sie ist dadurch in ihrem normalen Verhalten gestört und braucht dringend den Tierarzt.

<u>Es liegt am Katzenklo.</u> Vielleicht haben Sie es zu wenig oft gereinigt, und die Katze findet kein sauberes Plätzchen mehr, wo sie sich niederlassen kann. Oder es steht am falschen Platz, gleich neben dem Futternapf zum Beispiel. Katzen hassen es aber, dort ihren Kot abzulegen, wo sie fressen. Oder das Katzenklo wurde an einer Stelle des Hauses aufgestellt, wo dauernd jemand vorbeigeht. Auch das geht Katzen gegen den Strich, denn sie mögen es unbeobachtet.

<u>Die Katze hat Liebesgefühle.</u> Männchen und Weibchen spritzen überall hin, um Partner anzulocken. Nach der Kastration hört das von selbst auf.

<u>Die Katze ist irritiert.</u> Dies ist einer der häufigsten Gründe für Unsauberkeit. Vielleicht waren Handwerker im Haus, die für Unruhe und Änderung der gewohnten Umgebung gesorgt haben. Vielleicht haben Sie neue Möbel gekauft. Das erscheint der Katze erstmal als Gefährdung ihres Reviers. Vielleicht ist ein zweites Kätzchen angekommen, und die Alteingesessene muß mit sichtbarem Kotabsetzen

ihre Dominanz zeigen. Versuchen Sie, in jedem Fall das Selbstbewußtsein der Katze durch viel Zuwendung wieder zu stärken. Gleichzeitig müssen Sie ihr den »Pinkelplatz« vermiesen, sonst zieht sie es immer wieder dahin zurück. Decken Sie ihn nach der Reinigung mit Kernseife und Wasser oder Essigwasser zum Beispiel mit einer glatten Kunststoffolie ab und besprühen Sie ihn mit Melissen- oder Zitronenöl, ein Geruch, den fast jede Katze haßt. Schimpfen, Schreien oder Klapse würden überhaupt nichts nützen und Ihre Katze nur noch mehr verstören.

Die Katze ist verhaltensgestört. Gründe für ihre Unsauberkeit aufzuspüren ist sehr schwierig. Versuchen Sie, so eine Katze möglichst nur dort zu halten, wo sie viel Auslauf ins Freie hat. Damit wird der Umstand, daß sie sich in der Wohnung ergeht, etwas eingeschränkt.

Hinweis: Keine ammoniakhaltigen Reinigungsmittel verwenden! Sie haben urinähnliche Geruchsstoffe, die die Katze erst recht dazu bringen, ihren Eigenduft erneut an der gerade gereinigten Stelle zu hinterlassen.

Warum die Katze etwas zum Kratzen braucht

Es gibt verschiedene Gründe, warum Sie der Katze eine Kratzmöglichkeit in Form eines Baums oder Bretts bieten sollten, sonst sucht sie sich nämlich dafür den Teppich oder Sessel aus.

• Sie schärft ihre Krallen. Dabei streift sie die alten ausgedienten Krallenhüllen ab, unter denen neue, glänzende Krallen zum Vorschein kommen. Manchmal finden Sie unter so einem Kratzmöbel etwas, das wie eine ausgerissene Kralle aussieht. Es ist aber nichts anderes als eine abgestreifte Krallenhülle.

• Sie trainiert den Ausstreck- und Einziehmechanismus der Krallen. Dies ist lebenswichtig beim Beutefang, beim Kampf gegen Rivalen und beim Klettern.

• Sie zeigt ihre Überlegenheit. Wenn dominante Katzen in Anwesenheit von untergeordneten Katzen an ihren Brettern oder draußen an Bäumen kratzen, ist das eine Art Imponiergehabe.

• Sie markiert. An der Unterseite der Vorderpfoten sitzen nämlich Duftdrüsen, mit denen die Katze auf dem Möbelstück herumreibt. Möglicherweise sucht sie sich gerade deswegen so gern ihren Lieblingssessel aus, da sie Ihrem Geruch ihren Duft hinzufügen will.

Mein Tip: Wenn die Katze partout nicht an das ihr zur Verfügung gestellte Kratzmöbel gehen will, sondern sich immer wieder an Ihren Möbeln vergreift, liegt es vielleicht an dieser Duftmarkierung. Spannen Sie ein Stück von einem alten Wollpullover mit Ihrem Geruch über die Kratzgelegenheit, das hilft meistens.

Kastration – eine Notwendigkeit?

Dieses Thema ist nach wie vor heiß umstritten. Die einen lehnen Kastration ab, weil sie nur dem Interesse des Menschen dient und es über die Folgen für die Katze noch keine wissenschaftlichen Studien gibt. Die anderen befürworten Kastration, und zwar aus mehreren Gründen:

Spielgefährte Katze. Die Ragdoll ist vom Wesen her so geduldig und freundlich, daß sie sich sogar im Puppenwagen herumkutschieren läßt (→ Seite 127).

- Die unkontrollierte Vermehrung wird verhindert.
- Katzen, für deren Unterbringung nicht gesorgt wurde, streunen umher, werden krank, abgeschossen, überfahren oder gefangen und an Versuchslabors verkauft.
- Rollige Katzen, die in der Wohnung leben, »nerven« mit Geschrei, Unruhe und Harnabsetzen. Wenn sie nicht gedeckt werden, erleiden sie gesundheitliche Schäden.
- Geschlechtsreife Kater hinterlassen überall ihre Duftmarken, auch in fremden Wohnungen, wenn sie dort Zugang haben und den Geruch einer anderen Katze übermarkieren. Während der Brunst sind sie besonders gefährdet, da sie kopflos hinter jeder rolligen Katze herstürzen und dabei überfahren werden können oder ständig in Rivalenkämpfe verwickelt sind.

Das passiert beim Kastrieren

Die Operation wird in Narkose vom Tierarzt vorgenommen.

Beim Kater sollte der Eingriff nicht vor dem Erreichen der Geschlechtsreife, also mit 8 bis 10 Monaten, vorgenommen werden. Dabei werden durch zwei kleine Schnitte die Hoden abgetrennt.

Die Katze wird nach der ersten Rolligkeit (→ Seite 72) kastriert. Dieser Zeitpunkt liegt zwischen dem 6. und 12. Lebensmonat. Ein späterer ist natürlich auch möglich. Beim Weibchen werden nach dem Öffnen der Bauchhöhle die Eierstöcke, meist mit einem Teil der Gebärmutter, entfernt. Danach wird der Schnitt mit Fäden zugenäht, die eine Woche später gezogen werden.

Nach der Operation können die Tiere normalerweise gleich wieder nach Hause genommen werden. Lassen Sie Ihre Katze an ihrem gewohnten warmen Plätzchen die Betäubung ausschlafen und achten Sie darauf, daß sie nicht gleich zu irgendwelchen Kletterpartien herausgefordert wird. Liebevolle Zuwendung genügt meistens, denn besonders gepflegt werden muß sie in der Regel nicht. Meistens ist der Katzenhalter beunruhigter als das Tier. Dennoch sollten Sie bei Komplikationen den Tierarzt benachrichtigen. Er wird Sie auf alles Wissenswerte hinweisen.

Geglückte Tierfreundschaft. Einem gutmütigen und vor allem gut erzogenen Hund kann man beibringen, daß das Kätzchen von nun an zu seinem Rudel gehört.

Vernarrt in Katzen. Für Hunde-papa Roscha gibt es nichts Schöneres, als mit dem Katzen-baby zu spielen und es den ganzen Tag herumzuschleppen.

Sterilisation

Dieses Wort wird fälschlicherweise für die Kastration der weiblichen Katze benutzt, doch Sterilisation bedeutet lediglich, daß Kater und Katze durch Abbinden von Samen- beziehungsweise Eileiter un-fruchtbar gemacht werden. Den Tieren bleibt also der Geschlechts-trieb erhalten, die jeweiligen unangenehmen Nebenerscheinungen in der Wohnung bleiben allerdings auch.

Die Pille: Empfiehlt sich nur für Zuchtkatzen, die zwischendurch nicht rollig werden sollen. Über längere Zeit gegeben schadet sie der Gebärmutter.

Katze mit Garten

Licht, Luft und Bewegung sind Dinge, die jeder Kreatur guttun. Und eine Katze, die durch das Zusammenleben mit dem Menschen der ständigen Beutebeschaffung enthoben ist, wird die Ausweitung ih-res Lebensraumes ins Freie als Anreiz und zur Unterhaltung nutzen.

Lassen Sie sie erst nach draußen, wenn sie im Haus ganz heimisch geworden ist, und sorgen Sie dafür, daß sie sich zurückziehen kann, sobald sie vor irgend etwas erschrickt. Halten Sie sich anfangs in ih-rer Nähe auf und lassen Sie zum Beispiel die Keller- oder Terras-sentür offen. Mieze wird den Garten sehr schnell als ihr »persönli-ches Eigentum« betrachten und fremde Katzen verjagen.

Katzentür: Eben noch saß die Katze maunzend vor der Tür und wollte hinausgelassen werden, und nun kratzt und scharrt sie schon wieder, weil Sie sie hereinlassen sollen. Das geht unzählige Male am Tag so, denn ebensoviele Male hat die Katze das Bedürfnis, einen Rundgang durch ihr Territorium zu machen. Diese Inspektionsgänge wiederholt sie in kurzen Abständen und liebt es gar nicht, wenn sie durch Türen daran gehindert ist. Eine Katzentür, durch die sie jeder-zeit das Haus verlassen und wieder ins Haus gelangen kann, ist des-wegen sehr zu empfehlen. Der Zoofachhandel bietet die verschie-densten Modelle an, die sich diebessicher in Türen und Fenster ein-bauen lassen.

Sicherung des Gartens: Katzen mit Auslauf leben auf jeden Fall gefährlicher. Sie zu erziehen, daß sie den Garten nicht verlassen, ist unmöglich. Erschweren Sie es Ihrer Katze, indem Sie den Zaun zum Beispiel mit einem elektrischen Weidedraht sichern. Ist die Katze beim Hinüberklettern ein paarmal mit ihm in unangenehme Berührung gekommen, wird sie sich in Zukunft davor hüten. Sprechen Sie aber vorher mit Ihrem Nachbarn darüber!

Nachbars Garten: Ein leidiges Thema, das oft vor Gericht endet und zu widersprüchlichen Urteilen geführt hat. Die einen besagen, daß ein Gartenbesitzer seinen Nachbarn nicht zwingen kann, seine Katze im Haus zu halten, nur weil sie Vögel jagt, mal einen Fisch aus dem Gartenteich holt und Sandkästen verschmutzt, während die anderen genau das Gegenteil verkünden. Um Ärger, der nicht selten zu unversöhnlichen Feindschaften führt, zu vermeiden, sollten Sie die Sache bereits im voraus klären (→ Die Katze im Recht, Seite 44).

Tätowieren der freilaufenden Katze

Leider werden Katzen für Versuchslabore nur allzu oft gestohlen. Deswegen sollten Sie eine Katze, die ins Freie kann, tätowieren lassen. Fragen Sie den Tierarzt, ob er es schon zum Zeitpunkt der Impfungen machen kann. Er prägt unter Narkose an der Ohrinnenseite eine leicht zu entschlüsselnde Nummernfolge ein:

Linkes Ohr: Landkreis und Jahreszahl.

Rechtes Ohr: Tierarzt und laufende Tätowierungsnummer.

Unvollständig wäre der Schutz allerdings ohne die Eintragung ins Haustierregister beim Deutschen Tierschutzbund. Auch diese Formalitäten erledigt der Tierarzt für Sie. Die meisten Tierversuchslabore haben sich verpflichtet, tätowierte Tiere zurückzuweisen oder umgehend zu melden.

Katzenerziehung – was man dabei erreichen kann

Im Zusammenleben mit dem Menschen kann die Katze einige Dinge lernen – wenn sie mag. Mir kommt es eher so vor, als haben mich meine Katzen dazu gebracht, bestimmte Dinge zu unterlassen, damit sie nicht in Versuchung geführt werden, zum Beispiel nichts Eßbares offen herumstehen zu lassen (→ Nicht stehlen, Seite 40).

Fünf goldene Erziehungsregeln

1. Sprechen Sie ruhig mit der Katze. Erst wenn sie Vertrauen zu Ihnen hat, tut sie auch das, was Sie wollen.

2. Verbieten Sie ihr immer wieder nur das gleiche. Verwehren Sie ihr nicht heute das Betteln am Tisch und füttern Sie sie morgen.

3. Erteilen Sie nicht barsche Befehle, sondern äußern Sie ein bestimmtes «Nein!», wenn sie zum Beispiel wieder am Sessel kratzt und nicht am Kratzbrett.

4. Benutzen Sie stets dieselben Ausdrücke wie »Pfui!«, »Nein!«, »Runter!« oder »Raus!«. Bleiben Sie konsequent.

5. Loben und streicheln Sie die Katze, wenn sie Ihnen gefolgt hat. Tadeln Sie sie bestimmt und klar mit Worten, allenfalls mit einem leichten Klaps mit der zusammengefalteten Zeitung. Geschrei und Schläge, Einsperren oder Essensentzug nützen nichts. Sie erreichen nur das Gegenteil.

Zum Bild:
Lässige Eleganz und Grazie. Wie ein Standbild sitzt die orientalische Katzenschönheit da. Doch Blick und gespitzte Ohren signalisieren gespannte Aufmerksamkeit – auf was wohl?

Was die Katze lernen sollte

<u>Auf den Namen hören:</u> Sagen Sie ihr beim Streicheln, Füttern oder anderen angenehmen Dingen immer wieder ihren Namen vor. Sie wird ihn sich sehr bald merken und auf Ruf »angepfotelt« kommen, vor allem, wenn es etwas Gutes zu fressen gibt.

<u>An den richtigen Stellen kratzen:</u> Da Sie sicher nicht wollen, daß die Katze sich an Ihren Tapeten, Teppichen oder Polstermöbeln vergreift, müssen Sie ihr das Kratzen am dafür vorgesehenen Kratzmöbel beibringen. Sobald sie damit an einer verbotenen Stelle anfängt, tragen Sie sie mit einem bestimmt geäußerten »Nein!« zum Kratzbaum oder -brett, richten sie daran auf und führen die Pfoten auf und ab. Kratzen auch Sie mit Ihren Fingernägeln daran, denn durch das Geräusch wird die Katze neugierig und versucht es ihrerseits. Es liegt an Ihrer Ausdauer, daß die Katze sich letztendlich dazu bequemt, dort zu kratzen, wo Sie es wollen.

<u>Nicht im Bett schlafen:</u> Wenn Sie prinzipiell etwas gegen Tiere im Bett haben, müssen Sie die Schlafzimmertür zuschließen. Sonst läßt sich die Katze nicht von diesem gemütlichen Plätzchen vertreiben.

<u>Nicht betteln:</u> Nicht jede Katze bettelt, doch wenn sie nun schon diese lästige Angewohnheit hat, läßt sie sich das Betteln während der Mahlzeiten nicht gänzlich abgewöhnen. Am besten, Sie geben ihr zur gleichen Zeit zu fressen und füttern Sie prinzipiell nicht vom Eßtisch herunter.

<u>Nicht stehlen:</u> Nicht jede Katze stiehlt. Aber wenn sie stiehlt, ist es ihr nicht gänzlich auszutreiben. Nina schaut dann zwar »betreten«, wenn ich streng mit ihr rede, aber das Mausen läßt sie dennoch nicht. Deswegen mein Rat, einfach nichts Eßbares herumliegen und keine Töpfe offenstehen zu lassen.

<u>An der Leine führen:</u> Gewöhnen Sie das Kätzchen etwa mit 3 Monaten an das Tragen eines Geschirrs (→ PRAXIS Ausstattung, Seite 27) und lassen Sie sich erstmal von ihm führen, bis es auch dorthingeht, wohin Sie wollen.

<u>Hinweis:</u> Manche Katzenhalter schwören auf den erzieherischen Strahl aus der Wasserpistole, wenn die Katze sich wieder mal an den Gardinen hochhangeln will. Wichtig dabei ist, daß der Katze nicht klar wird, woher das ungemütliche Naß kommt.

Hau ich dich, haust du mich. Noch üben die beiden Katzengeschwister Angriff und Abwehr im Spiel. Aber Mimik und Gesten sind schon fast perfekt.

Katzen müssen spielen

Wenn Kätzchen spielen, üben sie alle Bewegungen, die sie beim Jagen ausführen. Sie schleichen sich an, springen, proben den Angriff und die Abwehr, haschen nach der Beute, verfolgen sie oder fliehen, wenn sie verfolgt werden. Im Zusammenleben mit dem Menschen fällt das Jagen weg, doch die Fähigkeiten bleiben und liegen brach, wenn der Katze nichts zur Verfügung steht, was diesen Tatendrang befriedigen würde. Einzeln in der Wohnung gehalten, empfindet sie tödliche Langeweile, gegen die Sie als der Verursacher dieses Zustandes etwas unternehmen müssen.

Beschäftigen Sie sich also mit Ihrer Katze, natürlich nur, wenn sie dazu bereit ist. Meistens gegen Abend – da pflegen Katzen nämlich munter zu werden – wird sie es auf ihre Art signalisieren. Meine lieben es zum Beispiel sehr, wenn ich mit ihnen Verstecken und Nachlaufen spiele. Der Kater unserer Fotografin treibt am liebsten eine Glaskugel im Flur oder in der Badewanne vor sich her, weil das so schön scheppert. Andere vergnügen sich mit bunten Wollfäden, glitzernden Stanniolkugeln, kleinen Bällchen oder der Fellmaus. Die muß man ihnen immer wieder hinwerfen, damit sie »wie im richtigen Leben« nach ihnen jagen können.

Wohin mit der Katze im Urlaub?

<u>Zu Hause lassen:</u> Bei dieser einfachsten Lösung brauchen Sie eine zuverlässige Person, die ein- bis zweimal täglich in die Wohnung kommt, der Katze zu fressen gibt, das Katzenklo säubert und auch genügend Zeit zum Schmusen und Spielen hat. Bitten Sie Freunde oder Nachbarn, diese Aufgabe zu übernehmen. Es gibt in manchen Städten auch sogenannte Catsitter, die ihre Dienste gegen Entgelt in den Kleinanzeigen der Zeitungen anbieten.

<u>Mitnehmen:</u> Sie können Ihre Katze auch an das Reisen gewöhnen, vorausgesetzt, Sie fahren immer wieder in dasselbe Ferienhaus. Ins Hotel oder auf den Campingplatz würde ich sie hingegen nicht mitnehmen. Sie müßten sie dauernd einsperren, während Sie Ihren Freizeitvergnügungen nachgehen. Hinzu kommt der Streß der fremden Umgebung. Im Auto sollten Sie die Katze nur dann aus ihrem Transportkorb lassen, wenn sie ruhig auf ihrem Platz sitzen bleibt. Aufpassen beim Öffnen von Fenstern und Türen und die Katze auf alle Fälle an die Leine nehmen. Wenn die Reise länger als 6 Stunden dauert, ihr den Abend vorher und während der Fahrt nichts zu fressen geben, damit die Verdauung eingeschränkt ist. Eine Plastikschale mit Katzenstreu parat haben und Wasser. Denken Sie daran, daß Sie für den Grenzübertritt den Impfpaß brauchen. Informationen bekommen Sie bei Ihrem Zoofachhändler, Tierarzt oder dem zuständigen Veterinäramt (im Telefonbuch nachsehen).

<u>In Pflege geben:</u> Vielleicht haben Sie Freunde, bei denen sich die Katze wohl fühlt. Eine Katzenpension sollte man sich vorher ansehen und ausführlich mit dem Betreuer sprechen. Dort werden alle Schutzimpfungen verlangt (→ Seite 61). Erkundigen Sie sich auch bei den Tierheimen. Manche führen eine Kartei für private Urlaubspflegeplätze.

Spielend üben junge Katzen spätere Jagdmethoden ein, so zum Beispiel das Fischen, das schon überraschend früh zu ihrem Repertoire gehört. Bei dieser Spielaktion werfen sie ihren Ball mit einer geschickten Bewegung der Pfote hoch über die Schulter, drehen sich blitzschnell danach um, verfolgen ihn weiter und »erlegen« ihn. Nicht anders angelt die Katze nach einem Fisch. Sie lauert solange, bis er nahe ans Ufer schwimmt, taucht mit der Pfote unter seinen Körper, schleudert ihn weit hinter sich ins Gras und springt ihn dann an.

So kommt eine Katze gut über den Umzug

Einer Katze wird nachgesagt, daß sie mehr an ihr Revier gebunden ist und einen Umzug nur schwer verkraftet. Unterschätzen Sie jedoch nicht die Beziehung, die sie zu Ihnen hat, und helfen Sie ihr, sich an das neue Revier zu gewöhnen.

• Halten Sie das Tier in einem vorher leergeräumten Zimmer zusammen mit den ihr vertrauten Sachen (Körbchen, Klo), bis der Umzugstrubel vorbei ist.

• Fahren Sie dann mit ihr in die neue Wohnung.

• Setzen Sie sie dort wieder mit ihren Sachen in ein noch leeres Zimmer.

• Führen Sie die Katze, nachdem die Wohnung eingeräumt ist, zum neuen Platz des Katzenklos.

• Lassen Sie sie in aller Ruhe und mit viel gutem Zureden die ungewohnte Umgebung erkunden.

• Falls sie in der neuen Wohnung Auslauf ins Freie hat, schrittweise daran gewöhnen (→ Katze mit Garten, Seite 37).

Es stimmt nicht, daß man eine Katze, die vorher Auslauf ins Freie hatte, nicht an eine neue Wohnung ohne Auslauf gewöhnen kann. Sie würde – überließe man sie zum Beispiel dem Wohnungsnachfolger – viel mehr unter der Trennung von ihren Menschen leiden.

Es stimmt, daß eine Katze manchmal die Sehnsucht nach ihrem alten Revier packt und sie dorthin zurückkehrt. Die längste Strecke, die eine Katze zurückgelegt hat, soll 1 000 km betragen haben – von Boston nach Chicago. Wie dieser Heimfindemechanismus funktioniert, ist bisher nicht ganz schlüssig geklärt. Die einen meinen, daß es mit dem Magnetfeld der Erde zusammenhänge, die anderen glauben, daß die Katze wie die Zugvögel über eine Art innerer Himmelsnavigation verfüge und ihren Weg nach dem Stand der Sonne berechne.

Mein Tip: Legen Sie der Katze, bevor Sie ihr am neuen Ort Auslauf gewähren, ein Halsband mit Anschrift und Telefonnummer an (→ Tätowieren, Seite 38).

Baden muß dann und wann sein. Wenn das Fell einer Perserkatze stark verschmutzt ist, sollte man es mit Wasser und einem Spezialshampoo reinigen (→ PRAXIS Pflege, Seite 46 und 47).

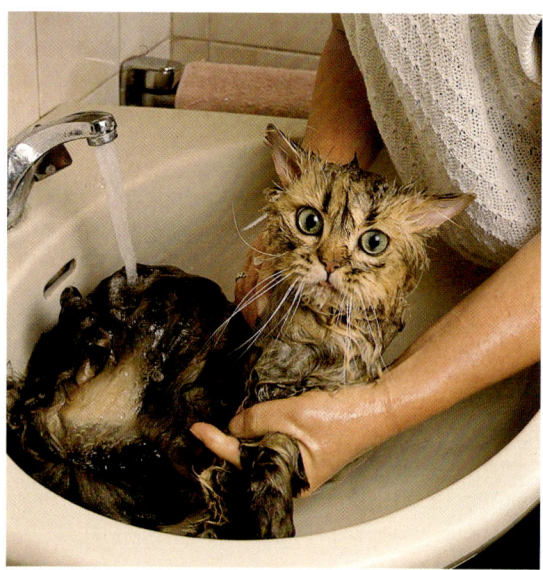

Die alte Katze

Katzen, sagt man, verbringen etwa ein Zehntel ihres Lebens mit dem Aufwachsen und ein weiteres mit dem Alter, die restlichen acht Zehntel stehen sie sozusagen »in voller Blüte«. Katzenfreunde, die sich also gerade erst ein junges Kätzchen angeschafft haben, werden es lange mit einem kraftvollen, vitalen Tier zu tun haben. Dennoch möchte ich das Kapitel über das Zusammenleben mit der Katze nicht ohne einen Blick auf diesen letzten Lebensabschnitt beschließen.

Einer alternden Katze muß es gesundheitlich nicht unbedingt schlecht gehen. Sie wird sich vielleicht nicht mehr so gelenkig bewegen, zum Beispiel nicht mehr auf ihr erhöhtes Plätzchen klettern oder springen, sondern ein weiches Kissen bevorzugen, auf das sie bequem gelangen kann. Sie wird weniger fressen und magerer werden, sich nicht mehr so oft putzen und ein rauhes Fell haben.

Jetzt soll sich ihre Umgebung so wenig wie möglich verändern. Eine Aufheiterung etwa durch ein junges Kätzchen ist ihr eher lästig, ein Umzug gar ein Greuel.

<u>Pflege:</u> Auch wenn sich keine schwerwiegenden Störungen zeigen, sollten Sie Ihre alternde Katze alle 3 bis 4 Monate vom Tierarzt untersuchen lassen. Sie kann unter Verstopfung leiden, Probleme mit den Zähnen bekommen, ihr Hör- und Sehvermögen läßt allmählich nach. Seien Sie lieb zu Ihrem Tier, das ist jetzt die Hauptsache.

<u>Einschläfern:</u> Wenn die Katze allerdings krank wird und starke Schmerzen hat, sollten Sie sich mit dem Tierarzt besprechen, ob Einschläfern dann nicht die bessere Lösung ist. Nur er ist in der Lage, eine einschläfernde Injektion zu verabreichen. Die Katze wird nur den leichten Einstich der Nadel spüren, und wenn Sie sie dabei auch noch im Arm halten, wird sie ganz friedlich hinüberschlafen. Wollen Sie Ihr Tier im eigenen Garten begraben, müssen Sie sich vorher erkundigen, ob das erlaubt ist. Im Zweifelsfall wird Ihnen Ihr Tierarzt bei der Beseitigung der sterblichen Überreste helfen. Oft ist dies nur durch die Tierkörperbeseitigungsanstalt gestattet.

Die Katze im Recht

<u>Mietrecht:</u> Das Recht des Mieters auf ungestörte Entfaltung seiner Persönlichkeit schließt das Halten einer Katze in einer Mietwohnung ein. Eine Katze ohne konkrete Belästigung für die Mitmieter erfüllt noch nicht den Tatbestand eines vertragswidrigen Gebrauchs der Mietwohnung (Amtsgericht Würzburg, AZ.: 13 C 258/82), selbst dann nicht, wenn nach dem Mietvertrag die Katzenhaltung nur mit Genehmigung des Vermieters erlaubt ist (Landgericht München, AZ.: 15 S 265/84). Es muß vielmehr in jedem Einzelfall nachgewiesen werden, daß die Haltung einer Katze tatsächlich eine unzumutbare Belästigung (zum Beispiel Schmutz/Geruch) für die anderen Hausbewohner darstellt. Allein die formularmäßige Klausel im Mietvertrag, daß die Tierhaltung nicht genehmigt sei, genügt für ein Verbot nicht (Amtsgericht Charlottenburg, AZ.: 9 T 1009/85). Allerdings kommt es stets auf die Umstände des Einzelfalls an. Leider ist die Rechtslage nicht eindeutig, es gibt die unterschiedlichsten Urteile für oder gegen die Katzenhaltung.

<u>Hinweis:</u> Das Leben in der Gemeinschaft beruht auf gegenseitiger Rücksichtnahme, so daß auch der zur Miete wohnende Katzenfreund in einem Gemeinschaftsleben die Rücksichtnahme auf seine Tierliebe erwarten darf. Im Gegenzug dazu sollte aber auch der Katzenhalter auf seine Mitbewohner Rücksicht nehmen und schon im Vorfeld der beabsichtigten Katzenhaltung das Gespräch mit dem Vermieter und den Nachbarn suchen.

<u>Auslauf im Garten:</u> Bei diesem vieldiskutierten Problem treffen regelmäßig zwei Tierfreunde aufeinander: Der Katzenhalter und der Vogelfreund. In einem Urteil hat hierzu das Amtsgericht Bonn (AZ.: 11 C 463/84) entschieden: Wer sich durch fremde Katzen im Garten gestört fühlt, ist empfindlicher als der »normale Durchschnittsbürger«. Das »überspitzte Empfinden eines Gestörten« kann aber nicht dazu führen, daß ein Katzenbesitzer seine Tiere nicht mehr artgerecht halten kann. Der Auslauf für Hauskatzen ist aber artgerecht (so auch das Oberlandesgericht Celle, AZ.: 4 U 64/85). Der Gartenbesitzer kann daher seinen Nachbarn nicht zwingen, seine Katze im Haus zu halten, nur weil sie Vögel jagt, gelegentlich einen Fisch aus dem Gartenteich holt oder Spielkästen verschmutzt (Amtsgericht Hannover, AZ.: 86 II 76/86).

<u>Tierschutzgesetz:</u> Wenngleich das Tier nach wie vor als »Sache« vom Gesetzgeber eingestuft wird, so spricht das neue Tierschutzgesetz, das am 1.1.1987 in Kraft trat, jetzt erstmals von dem Tier als »Mitgeschöpf«. Niemand darf einem Tier Schmerzen, Leiden oder Schäden zufügen. Dazu zählt auch, das Tier nicht oder nicht ausreichend zu füttern. Unter Androhung eines Bußgeldes ist es verboten, ein Tier auszusetzen.

<u>Straßenverkehr:</u> Da der Tierhalter grundsätzlich dafür haftet, wenn durch seine Tiere ein Mensch getötet, verletzt oder eine Sache beschädigt wird, muß er dafür sorgen, daß seine Katzen nicht über die Straße laufen und dadurch andere Verkehrsteilnehmer gefährden. Es empfiehlt sich auf jeden Fall, für eine freilaufende Katze eine Haftpflichtversicherung abzuschließen.

Durch eine Klapptür in Fenster oder Tür kann die Katze hinein und hinaus, wann immer sie mag.

Gefahren für die Katze

Es gibt eine Reihe von Gefahren, die man im Zusammenleben mit einer Katze nicht außer acht lassen darf.

Abstürzen: Balkone und offene Fenster mit Draht- oder Nylonnetz sichern, da selbst die intelligenteste Katze doch einmal hinter einem vorbeiflatternden Blatt oder Falter einen Satz macht und ins Leere stürzt.

Einklemmen: Türen nicht unbedacht öffnen und schließen; offenstehende Kippfenster mit speziellen Einsätzen sichern, da die Katze, die nach draußen will, hängenbleibt und sich stranguliert; kunstvoll geschnitzte Stühle sind vor allem für kleine Kätzchen eine Falle, ebenso Schränke, hinter und unter die sie sich verkriechen.

Erschießen: Jägern ist gesetzlich erlaubt, Katzen, die 200 m vom nächsten Haus entfernt frei herumlaufen, abzuschießen.

Ersticken: Plastiktüten, in die die Katze hineinkriecht und sich verfängt, nicht herumliegen lassen; Schubladen, in denen sie sich gern versteckt und eingesperrt werden kann, nicht offenstehen lassen.

Überfahren: Diese Gefahr ist grundsätzlich nicht vermeidbar; erschweren Sie den Auslauf, indem Sie den Garten sichern (→ Katze mit Garten, Seite 37). Im übrigen sind kastrierte Tiere häuslicher.

Verbrennen: Auf heiße Herdplatten zugedeckten Topf mit Wasser stellen; Bügeleisen abschalten, bevor man den Raum verläßt; Stövchen nicht unbeaufsichtigt lassen; auf Kerzen aufpassen, da Katzen sich erschrecken und sie umwerfen können; brennende Zigaretten und Kippen nicht herumliegen lassen.

Verletzen: Nähnadeln, in die die Katze tritt oder die sie verschluckt, nicht herumliegen lassen, ebenso Gummiringe; an Stacheldrähten können Katzen sich böse verletzen.

Vergiften: Viele Pflanzen sind giftig für Katzen, zum Beispiel Alpenveilchen, Azalee, Dieffenbachie, Efeu, Maiglöckchen, Narzissen, Nelken, Weihnachtsstern und viele mehr. Im allgemeinen sind Katzen so instinktsicher, daß sie nur an ungiftigen Pflanzen knabbern, dennoch sollten Sie sich beim Blumenhändler erkundigen oder in der Fachliteratur nachschlagen. Verwehren Sie vor allem jungen Katzen den Zugang und stellen Sie eine Schale mit Katzengras auf (→ PRAXIS Ausstattung, Seite 27). Wasch- und Putzmittel, Chemikalien, Tabletten, kurzum alles, was Kindern gefährlich ist, gilt auch für Kätzchen. Also wegschließen!

Nie Tabletten herumliegen lassen. Katzen verwechseln sie womöglich mit Vitamintabletten und können sich vergiften.

Heiße Platten, offene Pfannen und Töpfe, in denen es brutzelt und brodelt, sind für neugierige Katzen gefährlich. Sie können sich daran die Pfoten verbrennen.

»Höhlen«, noch dazu mit weicher Wäsche ausgepolstert, wirken auf Katzen höchst anziehend. Nicht selten kriechen sie in die Waschmaschine hinein und können versehentlich mitgewaschen werden.

Wichtige Handgriffe für die Pflege

Viele Male am Tag putzt und schleckt sich die Katze von oben bis unten, denn Katzenwäsche ist eine äußerst gründliche Angelegenheit. Dennoch ist die Hilfe des Menschen erforderlich, vor allem für die Fellpflege bei Langhaarkatzen.

Bürsten
Foto 1

Halblanghaar- und Kurzhaarkatzen brauchen tägliche Fellpflege nur zur Zeit des Haarwechsels, da sie dann nicht alle Haare aus ihrem Fell entfernen können. Im übrigen ist Bürsten Zuwendung und wird von den meisten Katzen laut schnurrend genossen. Zuerst vom Hals bis zum Schwanz mit dem Strich bürsten, dann behutsam gegen den Strich, nun noch einmal leicht mit dem Strich, um das Haar anzulegen.

Waschen und Kämmen
Foto 2 und Fotos auf den Seiten 42 und 43

Langhaarkatzen müssen gebadet werden, wenn ihr Fell sehr schmutzig ist. Die Wanne sollte

2 | Das noch feuchte Fell muß sorgsam durchgekämmt werden.

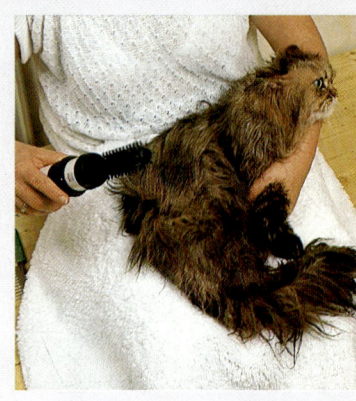

3 | Ans Fönen kann man eine Perserkatze von klein auf gewöhnen.

so groß sein, daß die Katze gerade darin Platz hat, wie zum Beispiel das Waschbecken im Bad. Das rückfettende Spezialshampoo, das auch wirksam gegen Ungeziefer ist, gibt es im Zoofachhandel. Auch ein Babyshampoo ist brauchbar. Lauwarmes Wasser ins Becken laufen lassen, die Katze mit der einen Hand an den Vorderpfoten festhalten, mit der anderen Hand waschen.

Kopf nie untertauchen. Das Shampoo sorgfältig ausspülen und das Tier danach mit einem vorgewärmten Tuch abreiben. Zum Kämmen die Katze auf den Schoß nehmen. Mit dem weitgezähnten Metallkamm vor allem am Bauch und zwischen den Beinen gründlich die Unterwolle kämmen. Dabei der Katze gut zureden und nie Gewalt anwenden. Mit dem enggezähnten Kamm nachkämmen.

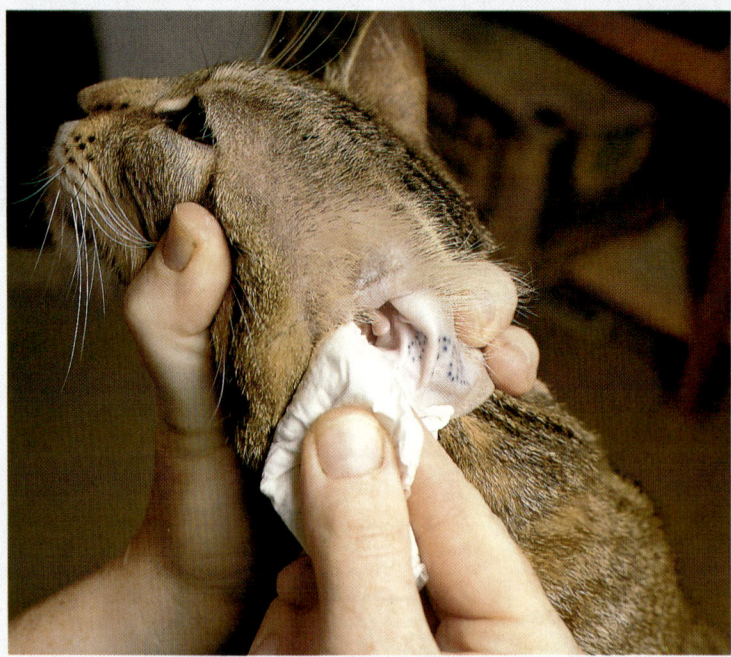

1 | Bürsten wird von den meisten Katzen laut schnurrend genossen.

4 | Regelmäßige Ohrenkontrolle ist wichtig. Dunkle Klümpchen weisen auf Ohrmilben hin, eine Krankheit, die behandelt werden muß.

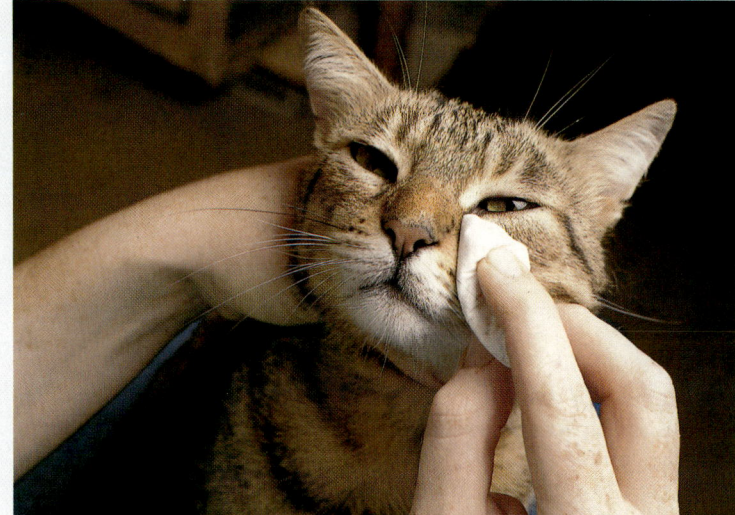

5 | In den Augenwinkeln bilden sich hin und wieder leichte Verkrustungen, die man mit einem Papiertaschentuch wegwischt.

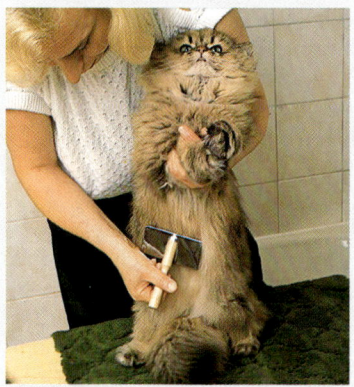

6 | Das Fell von Perserkatzen muß täglich gebürstet werden.

7 | Mit einem speziellen Puder reinigt man das Perserkatzenfell.

Bürsten und Pudern

Fotos 6 und 7

Das sorgfältig gekämmte Haar der Perserkatze bekommt durchs Bürsten erst Glanz. Eine Naturhaarbürste oder eine Spezialbürste mit gebogenen Drahtborsten eignen sich dafür am besten. Wenn Sie Ihre Perserkatze, wie auf dem Foto 6 gezeigt, halten, können Sie auch die Problemzonen am Bauch und im Brustbereich gut durchbürsten. Etwa einmal im Monat kann das Fell mit einem Puder gereinigt werden. Sparsam verwenden, da er die Haut austrocknet. Den Puder einreiben, über Nacht einwirken lassen und am nächsten Tag gründlich, auch gegen den Strich, ausbürsten.

Haarknoten entfernen

Foto 8

Einen Haarknoten zuerst mit den Fingern in kleine Partien teilen und dann mit dem Stielkamm aufzulösen versuchen. Gelingt das nicht, den Knoten mit Hilfe des Trennmessers aufschneiden. Die Spitze des Trennmessers mit dem Finger führen, damit die Haut des Tiers nicht verletzt wird. Wichtig: Leider müssen viele Perser vom Tierarzt unter Narkose geschoren werden. Tiere, deren Fell verfilzt ist, reißen es sich in Lappen herunter, fressen nicht mehr und leiden.

Trocknen

Foto 3

Im warmen Zimmer kann das Fell von selbst trocknen. Mit dem Fön geht es schneller, doch wird das Fell dadurch stumpf. Eine Fönbürste ist der Katze am angenehmsten, außerdem glänzt das Fell anschließend.

Ohrenkontrolle

Foto 4

Die Ohren regelmäßig kontrollieren, wenn nötig, die Ohrmuschel vorsichtig mit einem Papiertaschentuch vom Staub befreien.

Sind dunkle Klümpchen zu sehen, kratzt sich die Katze häufig und schüttelt sie den Kopf, weist das auf Ohrmilben hin (→ Krankheiten erkennen, Seite 70 und 71).

Augenreinigen

Foto 5

Leichte Verkrustungen in den Augenwinkeln entfernt man mit einem angefeuchteten weichen Papiertaschentuch. Immer von außen nach innen wischen. Vor allem Perserkatzen benötigen diese tägliche Pflege.

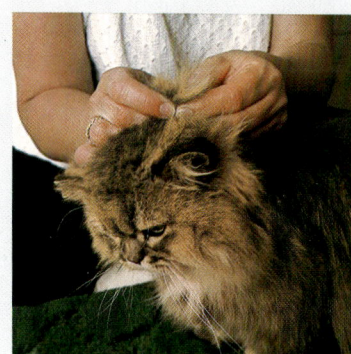

8 | Ein Haarknoten wird mit den Fingern vorsichtig gelöst.

Katzenernährung – artgerecht und leicht gemacht

Katzen sind Raubtiere. Ihr Organismus ist der Lebensweise in der freien Natur angepaßt. Dort ernähren sie sich von Fleisch und finden in ihren mit Haut und Haar verspeisten Beutetieren – Mäusen, kleinen Nagern, auch Eidechsen und Insekten – das Nötige vor: hochkonzentrierte Nahrung aus Muskelfleisch, Leber, Knochen, Innereien, dazu pflanzliche und mineralische Stoffe aus Magen- und Darminhalt. Daran muß man sich halten, will man seine Katze auch als Heimtier gesund und artgerecht ernähren.

»Die Katze läßt das Mausen nicht«, heißt ein altes Sprichwort. In seiner ursprünglichen Bedeutung besagt es, daß der Jagdeifer einer Katze keineswegs erlahmt, wenn sie satt ist. Ja, man hat sogar beobachtet, daß satte Katzen bessere Mäusefänger sind als hungrige. Der Jagdtrieb ist also nicht identisch mit dem Futtertrieb. Aber auch in der übertragenen Bedeutung steckt viel Wahrheit, denn das »Mausen« vom Tisch läßt kaum eine Katze aus. Von solch »unartigen« Eßgewohnheiten soll in diesem Kapitel aber nur am Rande die Rede sein. Vor allem geht es um die Bedürfnisse der Katze. Sie bestimmen den Magenfahrplan. Was muß die Katze fressen, um zu wachsen, zu gedeihen, ein schönes Fell, klare Augen und einen geschmeidigen Körper zu haben? Was darf man ihr zu trinken geben, und ist Frischfutter der Fütterung mit Fertigfutter vorzuziehen?

Energiepaket Katze

»Katzen sind geborene Mäusejäger«, schreibt der Verhaltensforscher Paul Leyhausen. »Sie können stundenlang mit unendlicher Geduld, mit einer wahren Katzengeduld also, vor einem Mauseloch lauern, bis auch die vorsichtigste Maus einmal herauslugt. Würde Mieze jetzt gleich zufahren, so wäre das Mäuslein flugs wieder – und mindestens für weitere Stunden – im Loch verschwunden. Mieze wartet also mit schier unbegreiflicher Geduld noch weiter, bis die Maus vollends aus dem Loch und ein Stück davon weg ist – und dann erst schießt sie vor.«

Das alles verbraucht Energie. Da kann es einen nicht wundern, daß eine Katze, die hungrig ist, ihre Maus innerhalb von maximal zwei Minuten mit Haut und Haaren verputzt.

Die Energie, von der die Rede war, stammt aus der Nahrung. Die Katze findet fast alle für sie notwendigen Nährstoffe in ihren Beutetieren in kleinen Dosen verpackt vor: Muskelfleisch, Knochen, Innereien, dazu pflanzliche und mineralische Stoffe aus Magen- und Darminhalt. Aus den Bausteinen dieser Nahrung, Eiweiß, Fett und Kohlehydrate, nimmt sich der Körper die darin enthaltene Energie und wandelt sie in andere Energieformen um:

- Wärme, die die Körpertemperatur ständig zwischen 38,5 und 39 °C hält;
- Energie für die Funktion des Nervensystems;
- Bewegungsenergie, die die Muskeln und Gelenke auf Trab hält;
- Wachstumsenergie, damit der Körper neue Zellen bildet.

Zuviel Futter macht dick

Überschüssige Energie wird wie beim Menschen in Fett verwandelt und gespeichert, das heißt, auch die Katze kann Fettpölsterchen ansetzen. In der freien Natur wird ihr das sicherlich nur in sehr mäusereichen Jahren widerfahren. Im Zusammenleben mit dem Menschen, der ihr das Futter womöglich bloß in Form von Leckerbissen darreicht, ist sie dieser Gefahr weit mehr ausgesetzt. Vor allem im Herbst legt sie sich gern ein wenig Speck zu. Beherzigen Sie also bei der Ernährung Ihres hartnäckig um seine Lieblingsspeise bettelnden Hausgenossen: Regelmäßig zuviel Futter macht dick.

Zu einseitiges Futter macht wählerisch

Selbst wenn die Katze sich nach dem Hühnchen, das Sie gerade zerlegen, eben noch gierig verzehrt hat, wird sie das Stückchen, das Sie ihr jetzt reichen, erst sorgsam beschnuppern und möglicherweise dann doch nicht fressen. Jedenfalls nicht gleich.
Drei Dinge lassen sich im Freßverhalten von Hauskatzen beobachten:
• Katzen gehen mit dem, was sie fressen, sehr vorsichtig um.
• Katzen, die man einmal mit Leckerbissen verwöhnt hat, lassen sich kaum oder gar nicht auf andere Nahrung umstellen.
• Nach bestimmten Nahrungsmitteln, zum Beispiel Leber, können sie regelrecht süchtig werden.
Vermeiden Sie also einseitige Nahrung, füttern Sie möglichst abwechslungsreich und artgerecht (→ Nährstoffe, die die Katze braucht, Seite 50) und respektieren Sie die Art und Weise, in der die Katze ihr Futter zu sich nimmt.

Naschkatze. Nicht etwa, weil sie besonders scharf auf Süßes ist, nascht die Katze gern von dem, was auf dem Tisch steht. Sie kann nur einfach das »Mausen« nicht lassen.

Nährstoffe, die die Katze braucht

Da sich unser Heimtier seine Nahrung nicht mehr selber beschaffen muß, braucht es auch nicht mehr so viel Energie. Das Futter sollte also in seiner Zusammensetzung so sein, daß es weniger Energie zuführt, dafür umso mehr Eiweiß.

Eiweiß: Katzen haben einen sehr viel höheren Eiweißbedarf als andere Tierarten, zum Beispiel fünfmal soviel wie der Hund. Da sie manche Eiweiße nur aus tierischen Produkten beziehen können, ist Fleisch für sie unabdingbar. Pflanzliches Eiweiß hat zwar einen wichtigen Nährwert, reicht aber als lebensnotwendiger Baustoff für den Organismus nicht aus. Eiweiß braucht die Katze zum Wachsen, für den Aufbau und die Erneuerung des Körpergewebes und für die Produktion von Antikörpern, Enzymen und Blut. Eiweiß ist enthalten zum Beispiel in Fleisch, Fisch, Milch, Sojabohnen, Hefe und natürlich in Eiern.

Fett: Auch im Fett sind lebenswichtige Bausteine enthalten, die essentiellen Fettsäuren. Da die Katze nicht in der Lage ist, diese selbst herzustellen, muß sie in ihrer Nahrung Fett vorfinden. Fett liefert neben der Energie die Vitamine A, D, E, F und K. Ohne sie würde das Tier langsamer wachsen, sehr krankheitsanfällig und meistens unfruchtbar sein. Zuviel Fett ist allerdings auch nicht gut, denn was nicht verbraucht wird, lagert sich in unübersehbaren Fettpölsterchen ab. Außer in Fleisch ist Fett enthalten in Butter, Sonnenblumen-, Mais- und Weizenkeimöl.

Kohlehydrate: Sie werden vom Katzenorganismus direkt in Energie umgewandelt und teilweise in Leber und Muskulatur gespeichert, sozusagen für »Notzeiten«. Diese wichtigen Energiespender sind in Reis, Kartoffeln, Haferflocken oder Gemüse enthalten, müssen jedoch gekocht und in kleinen Portionen unters Futter gemischt werden. Zuviele Kohlehydrate werden nämlich in Fett umgesetzt und machen dick. Zellulose, in Pflanzenfasern enthaltene Kohlehydrate, kann die Katze zwar nicht verdauen; sie dient aber als nützlicher Ballaststoff und regelt den Stuhlgang (→ Katzengras, Seite 27).

Vitamine und Mineralien: In einer ausgewogenen Nahrung sollten sie in der für die Katze genügenden Menge vorhanden sein. Sowohl ein Zuwenig als auch ein Zuviel ist schädlich. Man tut gut daran, dem heranwachsenden Kätzchen Vitamin- und Mineralstoffpräparate (im Zoofachhandel erhältlich) nach Gebrauchsanweisung unters Futter zu mischen.

Fertigfutter

Fertignahrung in Büchsen oder Schachteln ist praktisch. Man braucht einfach bloß eine Dose aufzumachen und findet ein Menü vor, das in seiner Zusammensetzung alles enthält, was eine Katze benötigt. Zumindest versprechen dies die Hersteller; zudem sind sie vom Gesetzgeber dazu angehalten, auf den Verpackungen die genaue Zusammensetzung der Nahrung anzugeben.

Doch nicht nur darauf kommt es heutzutage an, sondern auch auf die Qualität der Produkte, aus denen das Futter hergestellt wird. Seriöse Hersteller achten zwar darauf, daß nur hochwertige Zutaten verarbeitet werden, aber »schwarze Schafe«, die es nicht so genau nehmen, gibt es leider auch. Der »kritische Verbraucherblick« ist

Leckermäulchen. Katzen nehmen nicht so gern Bissen aus der Hand wie zum Beispiel der Hund. Sie schlecken lieber den dargereichten Finger sauber, da das ihrer Gewohnheit eher entspricht.

also notwendig. Außerdem kommt es darauf an, ob Ihre Katze das Futter verträgt beziehungsweise mag. Das kann von Marke zu Marke verschieden sein. Was der einen Katze schmeckt, bricht die andere mitunter sogar aus. Da sind Sie als verantwortungsbewußter Katzenhalter gefragt, streng unter den verschiedenen Angeboten auszuwählen. Fertigfutter wird in verschiedenen Formen angeboten:

<u>Feuchtnahrung</u> ist in Dosen abgefüllte Vollwertnahrung und besteht aus einer Mischung von Muskelfleisch, Innereien oder verschiedenen Seefischen, dazu pflanzlichem Eiweiß, Getreide, Mineralstoffen und Vitaminen.

<u>Mein Tip:</u> Da wegen der weichen Konsistenz dieses Futters Zähne und Zahnfleisch der Katze zu wenig beansprucht werden, kann dies zu Zahnsteinbildung und Zahnfleischerkrankungen führen. Wechseln Sie deshalb mit frisch zubereitetem Futter ab und geben Sie hin und wieder auch Kalbsknorpel.

<u>Trockenfutter</u> ist hochkonzentrierte Vollwertnahrung, dem bis auf etwa 10% das Wasser entzogen wurde. Katzen brauchen davon nur sehr wenig zu fressen, um ihren Futterbedarf zu stillen, dafür müssen sie umso mehr trinken. Beobachten Sie, wieviel die Katze von dem Wasser schlabbert, das Sie ihr hinstellen. Als Faustregel gilt: auf 100 g Trockenfutter 100 ml Wasser. Oft reicht die Wassermenge nicht aus, um den Feuchtigkeitsentzug auf die Dauer auszugleichen. Besonders kastrierte Kater, die zu Blasengrieß und der tödlich verlaufenden Harnverhaltung neigen, würden darunter leiden und ernstlich Schaden nehmen.

<u>Mein Tip:</u> Reichen Sie dieses Knabberfutter nur ganz sparsam als Zusatznahrung, damit die Katze hin und wieder etwas Hartes zum Kauen für ihre Zähne hat.

Männchen machen ist bei Katzen eine Seltenheit. Kater Robin setzt sich für einen leckeren Bissen schon mal auf die Hinterpfoten.

Frischfutter – die alte und neue Alternative

Eigentlich ist es ein ganz alter Hut, denn es gab schon immer Leute, die es vorzogen, ihrer Katze Selbstgekochtes zu verabreichen. Nachdem Sie gelesen haben, worauf Sie bei der Fütterung Ihrer Katze achten müssen, können Sie eigentlich gar nichts mehr falsch machen. Probieren Sie doch einmal aus, ob die auf den PRAXIS-Seiten 56 und 57 vorgeschlagenen Menüs Ihrer Katze schmecken. Bei meinen Katzen konnte ich großen Zuspruch erzielen.

Bei der Zubereitung müssen bei den einzelnen Nahrungsmitteln allerdings einige Dinge berücksichtigt werden:

<u>Fleisch:</u> Man gibt es am besten roh, ohne Knochen und mager. Geeignet ist Muskelfleisch vom Rind, Kalb, Schaf, Kaninchen, Wild; Geflügel besser gekocht reichen. Auch Schweinefleisch muß gekocht werden, weil hier die Gefahr der Krankheitsübertragung besteht, zum Beispiel der immer tödlich verlaufenden Aujeszkyschen Krankheit oder der Toxoplasmose. Außerdem können Parasiten oder Salmonellenerreger aufgenommen werden.

<u>Verbraucherhinweis:</u> Fragen Sie Ihren Metzger, ob das Rindfleisch aus BSE-freien Beständen kommt (BSE = Bovine Spongioforme Enzephalopathie, bekannt auch als Britische Rinderseuche). BSE ist für Tiere und wahrscheinlich auch Menschen tödlich.

<u>Innereien:</u> Herz (ohne Fett), Lunge, mageres Euter und Nieren nur gekocht verfüttern; Nieren vorher gut wässern. Leber kann roh und

Bauernkatzen. Sie leben in Stall und Scheune und in der freien Natur. Gerne sitzen sie auf erhöhten Plätzchen und beobachten ihre Umgebung. Dabei suchen sie bevorzugt sonnendurchwärmte Ecken und Nischen auf, in denen sie wenigstens von zwei Seiten geschützt sind.

gekocht gereicht werden; roh führt sie ab, gekocht stopft sie. Ausschließlich darf sie nicht verfüttert werden, da dies zu einer Vitamin-A-Vergiftung führen kann. Die Folge davon sind zum Beispiel Knochenverformungen und Verkrüppelungen.

<u>Fisch:</u> Vor allem Süßwasserfisch nicht roh, sondern leicht gedämpft und entgrätet geben. Nur etwa einmal in der Woche reichen, da Katzen sonst zu sehr danach stinken.

<u>Eier:</u> Nur das Eigelb roh und einmal in der Woche. Eiweiß muß gekocht sein, da es roh der Nahrung das Vitamin Biotin entzieht, das für Katzen wichtig ist.

<u>Fett:</u> Leicht verdauliche Fette wie Maiskeim-, Weizenkeim- oder Sonnenblumenöl unters Futter mischen.

<u>Knochen:</u> Zum Herumknabbern gegen Zahnsteinbildung. Nur kleine Kalbsknochen oder -knorpel. Keine Geflügelknochen, da diese splittern und sich sich im Maul einspießen können.

<u>Was für die Zubereitung von Frischfutter</u> noch wichtig ist:

• Nehmen Sie nur Zutaten, die Sie auch für sich verwenden würden. Je naturbelassener die Nahrung ist, desto mehr lebensnotwendige Vitalstoffe bleiben wahrscheinlich erhalten.

• Füttern Sie so abwechslungsreich wie möglich, zum Beispiel morgens qualifiziertes Fertigfutter, abends selbstgekochtes Frischfutter.

• Sie können auf Vorrat kochen, aber bedenken Sie, daß sich Futter im Kühlschrank höchstens bis zu vier Tage frisch hält.

• Wenn Sie das Futter einfrieren wollen, packen Sie es gleich in entsprechende Portionen ab.

Falsches Futter macht die Katze krank. Die Grundnährstoffe sind Eiweiß, Fett und Kohlehydrate, dazu Vitamine und Mineralstoffe. Sie müssen in einem richtigen Verhältnis zueinanderstehen und in ausreichender, nicht zu großer Menge gefüttert werden. Zuviel Futter macht die Katze dick, und zu einseitiges Futter macht sie wählerisch.

• Es ist möglich, daß Ihre Katze neues Futter erst einmal ablehnt. Dann mit kleineren Rationen beginnen und sie langsam steigern, bis zu der für die Katze nötigen Futtermenge. Im übrigen viel Zeit und Geduld haben und immer ein Schälchen Wasser hinstellen. Wenn Sie es mit einem besonderen Katzendickkopf zu tun haben, kann es sein, daß Sie wieder zum bisherigen Futter zurückkehren müssen.

Eintagsküken, die es tiefgefroren in Katzenfachgeschäften gibt, sind ein erstklassiger Mäuseersatz und werden von den Katzen wie Beutetiere behandelt. Sie spielen damit und verspeisen sie mit Knochen und Federn. Reichen Sie eines, natürlich aufgetaut, einmal pro Woche. Mancher Katze muß man erst zeigen, daß das Küken eßbar ist. Zerlegen Sie es in katzengerechte Happen, dann wird sie beim nächsten Mal schon Bescheid wissen. Achten Sie beim Kauf darauf, daß die Küken aus salmonellengeprüften Beständen kommen.

Mein Tip: Da die Prozedur etwas »blutig« verlaufen kann, rate ich Ihnen, die Katze während ihrer Kükenmahlzeit in einen Raum zu geben, in dem Sie hinterher nachwischen können.

Getränk und Trinkgewohnheiten

Wasser ist das richtige Getränk für Katzen. Manche decken ihren ganzen Wasserbedarf aus dem Futter. Jedenfalls ist er zum größten Teil darin enthalten, dennoch sollte man ihnen immer ein Schälchen mit frischem Wasser hinstellen, damit sie ihren Durst nach Lust und Laune stillen können. Der Grund, warum Katzen mit so wenig Wasser auskommen, liegt darin, daß sie als ehemalige Steppen- und Savannenbewohner mit ihren Nieren weit mehr Wasser zurückhalten können als die meisten anderen Tierarten. Dennoch ist Wasser für sie lebenswichtig, und würden sie einmal das Fressen verweigern, müßten sie eher an Austrocknung sterben als verhungern. Manchmal können Sie beobachten, daß sich Ihre Katze an allen möglichen Quellen bedient. Sie schlabbert aus Pfützen, beugt sich in Gießkannen oder leckt vom Badewannenboden. Sehr beliebt ist auch, sich direkt unter den Wasserhahn zu hängen, wie es meine Nina tut. Sie macht es übrigens nur am Waschbecken im Badezimmer, obwohl ich doch am Küchenwasserhahn weit öfter zugange bin.

Milch ist kein Getränk, sondern Nahrung für die Katze. Sie enthält viele Nährstoffe, zum Beispiel Eiweiß und Kalzium, und sollte deswegen vor allem tragenden Katzen und kleinen Kätzchen gereicht werden. Für diese muß sie fettreich und nicht etwa entrahmt oder mit Wasser vedünnt sein, denn Katzenmilch ist viel fetter als Kuhmilch. Büchsenmilch können Sie ein Drittel Wasser zufügen. Kuhmilch enthält allerdings mehr Milchzucker als die Milch der Mutterkatze, auch das Eiweiß ist ein anderes, so daß viele Katzen Milch gar nicht vertragen und davon Durchfall bekommen. Sie darf dann nicht mehr gefüttert werden. Grundsätzlich ist Milch als Getränk gegen den Durst und zur Regulierung des Feuchtigkeitshaushalts nicht geeignet.

Zehn Katzen-Eßgewohnheiten

1. Katzen können sich an feste Zeiten gewöhnen. Sie stellen sich darauf ein und kommen dann von weither gelaufen. Halten auch Sie sich daran und füttern Sie immer zur selben Zeit.
2. Katzen mögen es frisch. Geben Sie ihnen zu jeder Mahlzeit eine neue Portion und bemessen Sie sie, wenn sie nicht aufgegessen wird, das nächste Mal ein bißchen kleiner. Nicht den Teller volladen.
3. Katzen mögen ihr Futter zimmerwarm. Also niemals direkt aus dem Kühlschrank verfüttern.
4. Katzen werden schnell zu verwöhnten Essern, womöglich auch zu dick, wenn Sie sie nur mit Leckerbissen füttern. Gestalten Sie die Mahlzeiten vielseitig und abwechslungsreich. Zur Abmagerung nicht fasten lassen, sondern die Portionen kleiner bemessen.
5. Katzen können mit steinerweichender Beharrlichkeit am Eßtisch betteln. Lassen Sie sich auf keinen Fall darauf ein.
6. Katzen mögen auch das, was Menschen essen, vor allem, wenn sie es sich vom Tisch mausen können. Diese schlechte Angewohnheit sollten Sie Ihrer Katze austreiben (→ Seite 40). Im übrigen schaden hin und wieder Reste vom eigenen Essen nicht, sie dürfen nur nicht zu scharf gewürzt, zu salzig oder gezuckert sein.
7. Katzen mögen es sauber. Ihr Futternapf sollte zu jeder Mahlzeit ausgewaschen werden, aber nur mit heißem Wasser. Kein Reinigungsmittel verwenden!
8. Katzen sollten, auch wenn sie Auslauf haben, etwas zu fressen und zu trinken vorfinden. Nicht immer fangen sie genügend Mäuse, um satt zu werden.
9. Katzen brauchen viermal soviel Eiweiß wie Hunde, deswegen ist Hundefutter auf die Dauer nicht geeignet.
10. Katzen sind Raubtiere und benötigen tierisches Eiweiß. Sie würden Mangelerscheinungen erleiden, wollte man versuchen, sie vegetarisch zu ernähren.

Zum Bild:
Perserkatze im Sonnenlicht.
Bei Lichteinfall verengen sich die Pupillen zu schmalen Schlitzen, so daß die bernsteinfarbenen Augen wie Lampions aus dem schwarzen Fell herausleuchten.

1 *Zum Trinken wird die Zunge wie ein Schöpflöffel benutzt.*

2 *Bröckchenweise holt sich die Katze das Futter aus dem Napf.*

Wie und was die Katze frißt

Auf diesen Seiten finden Sie ein paar typische Eßgewohnheiten der Katze, dazu praktische Anleitungen für die Zubereitung einfacher Katzenmenüs.

Trinken
Foto 1
Die Katze kann ihre lange, bewegliche Zunge wie einen Löffel formen. Damit schöpft sie Wasser in ihr Mäulchen. Die Bewegung ist so flink, daß man ihr mit dem bloßen Auge kaum folgen kann.

Fressen
Foto 2
Katzen sind bedächtige Esser. Dabei wenden sie den Kopf schräg zur Seite, was so aussieht, als sei Nahrungsaufnahme etwas Unschickliches. Bröckchen für Bröckchen holen sie das Futter aus dem Napf, legen es sorgfältig daneben, beschnuppern es ausgiebig und fressen es dann erst.

Fressen in Gesellschaft
Foto 3
Vor allem Katzen, die freien Auslauf haben, macht es nichts aus, sich an einem gemeinsamen Futternapf zu versammeln. Eine gewisse Rangordnung wird allerdings beachtet. So darf die Rangerste beginnen. Ist die Katzengemeinschaft friedlich, kommt jede zu ihrem Futter, auch die Rangniedrigste, die erst einmal abwartet.

Vor dem Napf hocken
Foto 4
Die typische Stellung der Katze beim Fressen ist die Hockstellung. Vorderbeine und Hinterbeine sind eingeknickt, das Hinterteil ist leicht angehoben, der Schwanz säuberlich um den Leib geringelt.

Putzen
Foto 5
Wenn die Katze gefressen hat, pflegt sie sich zuerst ausgiebig das Mäulchen zu lecken. Damit nicht genug, feuchtet sie mit der Zunge viele Male ihre Pfoten an und »wäscht« sich mit ihnen die Backen sauber.

Wieviel die Katze frißt
Das normale Körpergewicht der Katze beträgt zwischen 3,5 und 5 kg. Pro Tag braucht sie etwa 125 bis 250 g Vollwertnahrung. Manche Katzen können, ohne fett zu werden, auch noch mehr essen. Kater brauchen mehr als Kätzinnen, kastrierte Katzen sollten nicht so üppig speisen, denn sie neigen zu Fettansatz. Eine tragende Katze muß nicht mehr, aber nährstoffreicheres Futter bekommen, am liebsten in vier bis fünf Portionen über den ganzen Tag verteilt. Dafür brauchen säugende Katzen entschieden mehr Futter, nämlich etwa 450 g, ebenfalls in mehreren Portionen.

Praktische Zubereitungstips
• Rohes Fleisch ist für die Katze das natürlichste Nahrungsmittel. Es muß frisch und aus einwandfreien Beständen sein, sonst besteht die Gefahr der Krankheitsübertragung (→ Frischfutter, Seite 51). Alles vom Schwein darf nur gekocht gereicht werden!

• Die Katze braucht nährstoffreiches, aber nicht unbedingt »abgeschmecktes« Futter, so wie der Mensch es versteht. Das heißt, Hände weg von Salz und anderen Gewürzen.

• Für die Versorgung mit Vitamin A braucht die Katze wöchentlich 100 bis 150 g Leber. Auf Vorrat portionieren, im Tiefkühlfach aufbewahren und täglich eine Portion unters Futter mischen.

• Eintagsküken müssen aus salmonellengeprüften Beständen sein. Da sie meistens tiefgefroren verkauft werden, beim Auftauen nicht im Schmelzwasser liegenlassen. Gründlich abwaschen.

• Hühnerhälse und Hühnerklein wenn möglich nicht als Tiefkühlware kaufen, da durch das Auftauen die Gefahr der Salmonellenübertragung bestehen kann.

• Einmal die Woche ein Teelöffel Olivenöl oder Margarine im Futter sorgt dafür, daß die Katze die verschluckten Haarballen nicht erbricht, sondern ausscheidet.

• Wenn Sie die Gewichtsmengen der folgenden Rezepte in ein Tassenmaß umrechnen, haben Sie weniger Arbeit.

3 | *Katzen, die im Freien leben, versammeln sich gern um einen gemeinsamen Futternapf.*

4 | *Beim Fressen nehmen Katzen oft diese Hockstellung ein.*

Einfache Rezepte für Katzenmenüs
Die angegebenen Mengen gelten für den Futterbedarf eines Tages.

Fleischtopf
150 g rohes Fleisch von Rind, Schaf, Kaninchen, Wild, in Katzenhappen kleingeschnitten
2 EL 6-Korn-Babybrei

1 TL Hefe-Vitamin-Flocken
2 EL Karottenbrei (Babynahrung)
1 EL Leber

Fischtopf
150 g Tiefkühlfisch, in Wasser gar gedämpft
1 EL gekochter Reis
1 TL Öl oder Margarine
2 EL gekochtes Gemüse
1 TL Hefeflocken

Geflügeltopf
150 g gekochtes Hühnerfleisch, in Katzenhappen kleingeschnitten
2 EL Schmelzflocken
1 EL Hüttenkäse
1 TL Maisöl
2 EL Karottenbrei (Babynahrung)
1 TL Hefe-Vitamin-Flocken
1 EL Leber

Innereientopf
150 g Puten- oder Rinderherz, angebraten und in Katzenhappen kleingeschnitten
2 EL gekochtes Gemüse

5 | *Nach dem Essen wäscht sich die Katze das Gesicht.*

2 EL Schmelzflocken
1 TL Maisöl
1 EL Leber
1 TL Hefe-Vitamin-Flocken
1 EL Hüttenkäse

Hinweis: Diese Rezepte beruhen auf eigenen Erfahrungen. Da jede Katze anders reagiert, probieren Sie aus, ob auch Ihre Katze sie verträgt.

57

Was tun, wenn die Katze krank wird?

Daß Kater, die nach einem Kampf mit einem abgerissenen Ohr, Bißwunden bis auf die Knochen, großen Löchern im Fell darniederliegen, erstaunlich schnell wieder auf die Beine kommen, weiß so mancher Katzenhalter zu bestätigen. In der Regel erholen sich kranke und verletzte Katzen sehr rasch, und allgemein kann man sagen, daß Katzen von Natur aus robust, zäh, abgehärtet und widerstandsfähiger gegen Krankheiten sind als andere Tiere. Ja, es gibt Katzenhalter, die gar nicht wissen, was das ist, eine kranke Katze. Zu diesen können Sie auch gehören. Machen Sie es sich zum Ziel, Ihre Katze gesund zu erhalten. Das erreichen Sie, wenn Sie sie richtig ernähren, gut pflegen, artgerecht halten und liebevoll mit ihr umgehen.

Falls Ihre Katze doch einmal krank wird, zögern Sie nicht, mit ihr zum Tierarzt zu gehen. Sein Rat, seine Hilfe und Ihre sachgemäße Pflege werden Ihre Katze bald wieder auf die Beine bringen.

Vorbeugen ist besser als Heilen

Sie können eine Menge tun, um zu verhindern, daß Ihre Katze überhaupt krank wird. Dafür sind neben der artgerechten Haltung ein paar Vorbeugungsmaßnahmen notwendig, die Sie auf jeden Fall vornehmen lassen sollten. Wenn Mieze dann sonst nichts Widriges zustößt, kann sie 14 Jahre und älter werden.

<u>Das sollten Sie wissen:</u> Eine gesunde Katze ist lebhaft, neugierig, verspielt und putzt sich schon von klein auf regelmäßig und ausgiebig.

Weitere Anzeichen ihres Wohlbefindens sind:
- ein dichtes, glänzendes Fell,
- klare Augen,
- saubere Ohren (auch innen),
- unbeschädigte Zähne ohne Belag,
- rosiges Zahnfleisch ohne üblen Geruch,
- ein geformter weicher und dunkler Kot,
- gelber und klarer Urin.

Eine kranke Katze hingegen sitzt lustlos herum, frißt nicht und kratzt sich womöglich dauernd. Weitere Anzeichen, die auf eine Gesundheitsstörung oder Krankheit hindeuten, finden Sie auf den Seiten 70 und 71.

Kätzchen ist krank. Nun braucht es vor allem viel Schlaf und richtige Pflege, damit es bald wieder gesund wird.

◁ *Vorhergehende Doppelseite: Bei Sonnenaufgang ist für die Katze Feierabend. Nachdem sie die Nacht umhergestrolcht ist, geht sie nun geschäftigen Schrittes nach Hause zu gefülltem Futternapf und wohlverdienter Bettruhe.*

Impfungen, die beste Vorsorge

Zu den unumgänglichen Vorsorgemaßnahmen gehören in erster Linie die Schutzimpfungen. Eine Katze, die nicht geimpft ist, kann Infektionskrankheiten bekommen, die meistens tödlich sind.

Eine weitere Vorsorge ist die Entwurmung, die vor allem bei frei laufenden Katzen regelmäßig vorgenommen werden muß.

Schutzimpfungen: Solange das kleine Katzenkind an der Mutter trinkt (8 bis 10 Wochen), ist es durch die Muttermilch vor Krankheiten geschützt. Danach muß es zum ersten Mal geimpft werden. Zum Impfen muß das Tier gesund und parasitenfrei sein. Vor der Impfung eine Kotprobe zum Tierarzt bringen, denn nur er kann die Schutzimpfungen durchführen. Er trägt sie in einen Impfpaß ein und vermerkt gleichzeitig, welche Impfung wann wieder fällig ist. Sich daran halten ist wichtig!

Hinweis: Für Reisen ins Ausland sind die Impfungen Vorschrift. Da die Bestimmungen von Land zu Land verschieden sind, sollten Sie sich lange genug vorher erkundigen (Tierarzt, Veterinäramt).

Schutzimpfungen sind notwendig gegen

• Katzenseuche. Diese sehr ansteckende Viruserkrankung wird nicht nur von Tier zu Tier übertragen, sondern auch über Zwischenträger, ja sogar Hände oder Schuhe.

• Tollwut. Sie ist auf den Menschen übertragbar. Frei laufende Katzen müssen auf jeden Fall geimpft werden.

• Katzenleukämie oder Katzenleukose. Eine inzwischen weltweit verbreitete schleichende Infektionskrankheit. Wird von einem Tier auf das andere übertragen, zum Beispiel durch Speichel oder Urin. Nachweisbar durch den sogenannten ELISA-Test, den Deckkater-Besitzer verlangen.

• Katzenschnupfen. Die Impfung immunisiert nur gegen bestimmte Erreger und ist damit bloß eingeschränkt wirksam. Nachweis wird meist von Katzenpensionen verlangt.

• Infektiöse Bauchfellentzündung (FIP = Feline Infektinöse Peritonitis). Diese chronische Erkrankung der Katze geht mit einer zunehmenden Bauchwassersucht einher.

Impfplan

Lebensalter	Katzenseuche	Katzenschnupfen	Tollwut	Katzenleukämie	FIP
9. Woche	×	×		×	
12. Woche	×	×	×	×	
16. Woche					×
19. Woche					×
nach 1 Jahr	×	×	×	×	×
nach 2 Jahren		×	×	×	×
nach 3 Jahren	×	×	×	×	×
nach 4 Jahren		×	×	×	×

Wichtig: Der Impfschutz setzt frühestens 1 bis 2 Wochen nach der Impfung ein. Dies sollten Sie zum Beispiel bei der Planung einer Reise berücksichtigen.

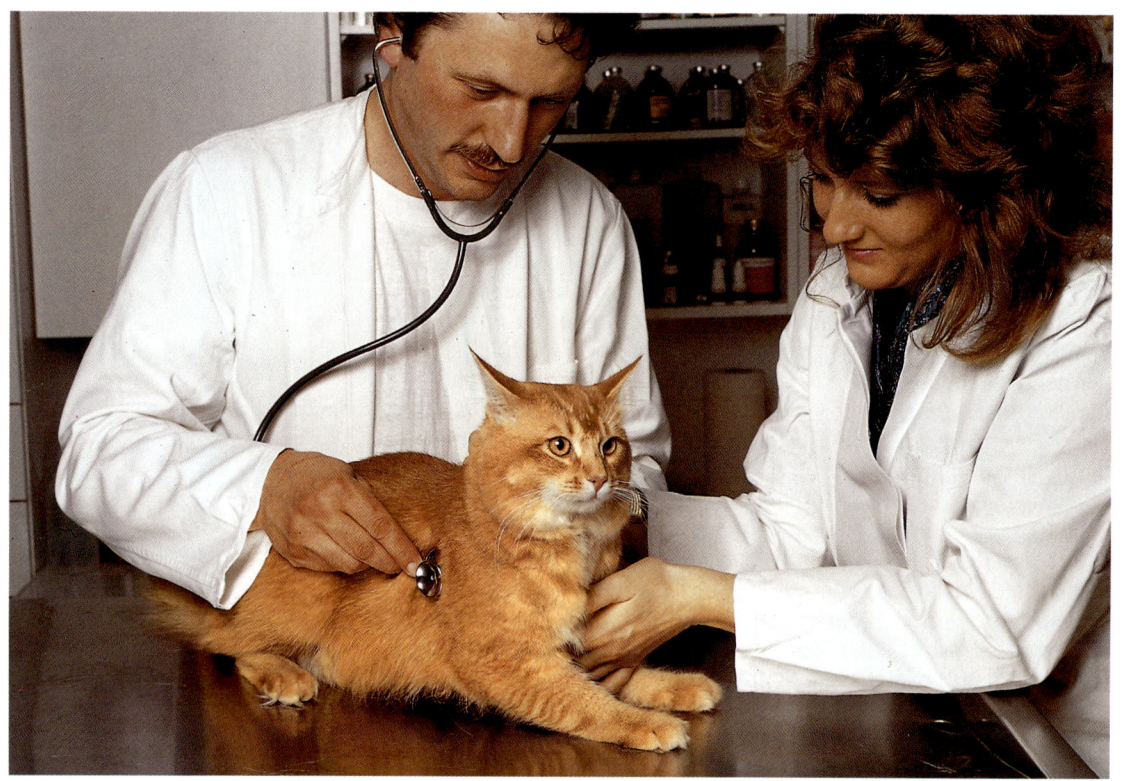

Besuch beim Tierarzt. Die fremde, bedrohlich riechende Umgebung macht der Katze Angst. Da helfen nur liebevolles Zureden und eine Untersuchung, die fachkundig und zügig durchgeführt wird.

Krankheiten, gegen die es keine Schutzimpfung gibt

Aujeszkysche Krankheit.

Diese Virusseuche kommt überwiegend bei Schweinen vor, die oft Viren beherbergen, ohne selbst zu erkranken. Frißt eine Katze rohes Schweinefleisch, kann die unheilbare Krankheit übertragen werden. Schweinefleisch sollte also nur gekocht verfüttert werden. Menschen werden von dieser Krankheit übrigens nicht befallen!

Noch ein Wort zu »Katzen-Aids«

Der Feline Immundeficiency Virus (FIV) gehört zwar der gleichen Virengruppe an wie der Aids-Erreger beim Menschen, doch es steht fest, daß er den Menschen nicht bedroht. Sie brauchen also keine Angst zu haben und müssen sich auch nicht von Ihrer Katze trennen, wenn bei ihr der FIV festgestellt wurde. Lassen Sie sich vom Tierarzt beraten, wie Sie sich richtig verhalten und was Sie für Ihre Katze tun können.

Entwurmung

Junge Katzen haben meistens dann keine Würmer, wenn auch ihre Mütter wurmfrei sind. Doch letztlich kann dies nur der Tierarzt feststellen, wenn Sie ihm anläßlich der Impfung eine Kotprobe mitbringen. Wenn nötig, wird er dann eine Wurmkur vornehmen (Präparate in Pasten- oder Tablettenform). Wurmkuren können Sie bei den Jungkätzchen schon ab der 2. Lebenswoche vornehmen.

Frei laufende Katzen infizieren sich immer wieder mit Würmern, sei es durch Artgenossen, durch Mäuse, Flöhe und Läuse, über den Boden oder das Wasser. Diese Katzen sollten regelmäßig alle 3 bis 6 Monate entwurmt werden.

Wohnungskatzen können auch von Würmern befallen werden und zwar durch den Genuß von rohem Schweinefleisch oder Fisch. Reichen Sie diese Nahrungsmittel nur gekocht!

Hinweis: In jedem Fall ist es wichtig, sich bei der Durchführung der Wurmkur genau an die Anweisungen des Tierarztes zu halten!

Krankheiten, die auf den Menschen übertragbar sind

Es gibt eine Reihe von Krankheitserregern, die Mensch und Katze befallen können, doch muß Sie dieses Thema keineswegs über die Maßen beunruhigen. Eine Wohnungskatze, die geimpft ist und nur Gekochtes oder Fertigfutter frißt, fängt selten Erreger auf, die auch für Sie gefährlich werden können. Auch von der frei laufenden Katze, die eher mit Erregern und Parasiten in Berührung kommen kann, brauchen Sie eine Ansteckung nicht zu befürchten, solange Sie die notwendigen Vorbeugemaßnahmen und hygienischen Regeln beachten. Diese sollten übrigens im Umgang mit Tieren selbstverständlich sein.

Kürzlich rief mich eine Freundin an, die ein Kind erwartet. Sie fragte mich, ob es denn wirklich unumgänglich sei, ihre Katze wegzugeben. Mutter und Schwiegermutter würden ihr so zusetzen, und langsam habe sie auch Angst, daß ihre Lissy sie und das Baby anstecken könne. Ich fragte sie, was denn ihr Arzt gesagt habe. Der hat sie ordnungsgemäß auf Toxoplasmose untersucht, nichts festgestellt und ihr nur empfohlen, für die Dauer der Schwangerschaft nicht allzu nahen Körperkontakt mit Lissy zu halten und das Katzenklo von anderen sauber machen zu lassen.

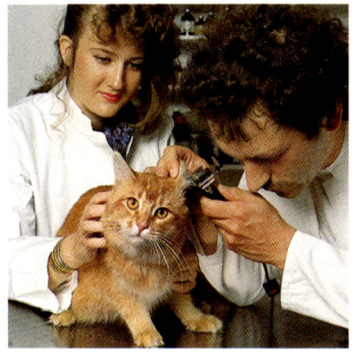

Ins Ohr schauen. Kratzt sich die Katze häufig und schüttelt dauernd den Kopf, dann deutet das auf Ohrmilben hin.

Was ich damit sagen will, ist, daß Sie sich Rat von Fachleuten holen und nicht durch »wohlmeinende« Ratschläge irremachen lassen sollten in der Liebe zu Ihrer Katze. Wenden Sie sich bei Krankheitszeichen der Katze immer an einen Tierarzt. Gehen Sie im Zweifelsfall selbst zum Arzt und weisen Sie ihn auf die Katzenhaltung hin. Es ist grausam und zeugt von Unwissenheit, wenn Sie Ihr Tier aus Angst vor Ansteckung ins Tierheim geben oder, noch schlimmer, einfach aussetzen.

Grundsätzlich können folgende Krankheiten und Parasiten auf den Menschen übertragen werden:

Tollwut: Dagegen muß jede Katze, die ins Freie kommt, geimpft werden (→ Seite 61).

Toxoplasmose: Sie ist für den Menschen vor allem gefährlich während einer Schwangerschaft, da das ungeborene Kind schwere Schäden an Gehirn und Augen davontragen kann. Frauen sollten deshalb gleich zu Beginn der Schwangerschaft ihren Arzt auf die Katzenhaltung hinweisen und zweimal im Abstand von 6 Wochen ihr Blut auf Toxoplasmose untersuchen lassen.

Mikrosporie: Sie wird durch einen Hautpilz verursacht und äußert sich in Haarausfall und Juckreiz. Behandlung durch den Tierarzt. Gegen Wiederansteckung Schlafkörbchen, Kamm, Bürste, Spielzeug und alles, womit die Katze sonst noch in Berührung kommt, immer wieder desinfizieren. Manchmal müssen die Sachen vollkommen beseitigt werden.

Spulwürmer: Dagegen schützt regelmäßige Entwurmung.

Flöhe, Milben, Zecken: Legen Sie der Katze ein Ungezieferhalsband an. Es schützt vor Befall. Doch aufgepaßt bei frei laufenden Katzen: Sie können damit hängen bleiben und sich strangulieren. Um diese Gefahr zu mindern, lassen Sie sich vom Zoofachhändler zeigen, wie das Halsband richtig angelegt wird. Behandelt wird mit Puder oder Waschlotion (in Apotheken nachfragen oder sich vom Tierarzt verschreiben lassen). Bei Flohbefall gründlich vor allem unter Teppichen und Bodenbelägen, in Fugen und Ritzen saugen; dort können Flöhe bis zu 4 Monate überleben. Bei Milbenbefall alle Orte, wo Katzen sich aufhalten (Körbchen, Sofa und andere Plätze) gründlich desinfizieren.

Haben Sie bei Ihrer Katze eine Zecke entdeckt, packen Sie sie mit der Zeckenzange und drehen Sie sie gegen den Uhrzeigersinn aus der Haut. Sie können sie auch mit Öl oder Benzin betupfen und, wenn die Zecke losläßt, sie vorsichtig mit der Pinzette herausziehen. Der Kopf darf nicht steckenbleiben, sonst entzündet sich die Stelle.

Der Gang zum Tierarzt

Wegen der Schutzimpfungen werden Sie mindestens einmal pro Jahr zum Tierarzt gehen. Da liegt es auf der Hand, daß Sie sich einen Fachmann aussuchen, der etwas von Katzen versteht und dem Sie Ihr Vertrauen schenken können. Hören Sie sich bei anderen Katzenhaltern, im Zoofachhandel oder bei einem Katzenzüchterverein um, dann wird Ihnen die Wahl leichter fallen.

Transport: Tragen Sie Ihre Katze nicht einfach nur auf dem Arm in die Praxis, sondern in einem Kennel (→ Katzenwissen von A bis Z, Seite 106) und lassen Sie sie im Wartezimmer nicht hinaus. Vergessen Sie nicht, ihr immer wieder gut zuzureden.

Gespräch: Geben Sie dem Tierarzt eine kurze, aber genaue Schilderung der Krankheitssymptome. Am besten, Sie machen sich vorher einen Notizzettel. Beantworten Sie seine Fragen präzis, damit er alles erfährt, was er wissen muß. Vielleicht wird er nicht sofort eine Diagnose geben können, sondern noch einige zusätzliche Untersuchungen, zum Beispiel an Blut und Kot machen müssen.

Auf diese Fragen sollten Sie sich schon vorher vorbereiten:
• Wie frißt Ihre Katze?
• Hat sie erbrochen, Durchfall oder Verstopfung? (eventuell Kotprobe mitbringen)
• Trinkt sie mehr als sonst?
• Erbricht sie mehr als gewöhnlich?
• Haben Sie Fieber gemessen, und wenn ja, wie hoch ist die Temperatur?
• Kratzt sie sich viel, zum Beispiel auch am Ohr, und schüttelt sie ständig den Kopf?
• Ist die Katze gefallen, hat sie sich eingeklemmt, liegt sonst ein Unfall vor?
• Hustet sie mit langgestrecktem Hals?
• Ist sie über die Maßen abgemagert?

Wenn der Tierarzt Medikamente verschreibt, sollten Sie sich genau an die Dosierungen und die Dauer halten und die Medikamente auch dann noch geben, wenn Ihrer Meinung nach die Krankheit schon abgeklungen ist. Auch alle anderen Anordnungen des Tierarztes sollten Sie genau befolgen.

Neun Leben hat die Katze, heißt es, und tatsächlich ist viel Wahres daran. Ihre Fähigkeit, sich von schwierigen Situationen zu erholen und wieder heil und gesund herauszukommen, ist oft verblüffend. Verlassen sollte man sich allerdings nicht darauf, sondern ihr ein artgerechtes Leben bereiten. Dazu gehört neben der richtigen Ernährung auch die liebevolle Zuwendung, damit die Katze sich wohl fühlt und zwölf bis fünfzehn Jahre alt werden kann.

Zum Bild:
Auch diese beiden jungen Sibirischen Kätzchen aus dem hohen Norden lieben ein sonniges Plätzchen im Garten.

Die Katze als Patientin

Solange es der Katze so schlecht geht, daß sie sich vor Schwäche nicht auf den Beinen halten kann, werden Sie es mit der Pflege noch einigermaßen leicht haben. Aber dann müssen Sie auf allerlei Tricks zurückgreifen. Die Katze ist keine geduldige Patientin, und es wird ihr nicht einleuchten, daß alles nur zu ihrem Besten ist.

Hier die wichtigsten Pflegemaßnahmen:

Krankenlager: Flacher Karton oder Korb mit einem etwas erhöhten Rand, damit die Katze nicht hinausfallen kann; mit einem weichen Kissen auslegen, darüber ein waschbares Tuch zum Auswechseln.

Standort: An einem warmen, zugfreien Ort, wo Sie die Patientin bequem versorgen können. Wenn noch andere Katzen da sind, die kranke bei ansteckenden Krankheiten isoliert halten.

Füttern: Wenn die Katze sogar ihre Lieblingshappen verweigert, ungesalzene Fleisch- oder Hühnerbrühe mit einer Spritze (ohne Nadel!) seitlich hinter den Eckzähnen langsam einträufeln. Nicht in einem Schwall einspritzen, sonst verschluckt sich die Katze.

Trinken: Das kranke Tier muß auf jeden Fall Flüssigkeit zu sich nehmen, sonst trocknet es aus. Wenn es also nicht von allein trinkt, müssen Sie ihm auch Wasser mit der Spritze einflößen.

Tabletten: Einmal läßt sich eine Katze überlisten, aber dann hat sie die Sache durchschaut, zumal, wenn es im Tablettenröhrchen klickert. Versuchen Sie es folgendermaßen: Zum Tabletteneingeben die Katze so auf Ihren Schoß setzen, daß das Gesicht von Ihnen abgewendet ist. Die Pille in der einen Hand zwischen Daumen und Zeigefinger parat halten. Mit der anderen Hand sacht, aber mit etwas Druck den Kopf hinter den Zähnen des Tieres fassen. Unwillkürlich öffnet sich sein Mäulchen. Jetzt die Pille so weit wie möglich in den Rachen schieben und die Kehle so lange abwärts massieren, bis die Pille spürbar geschluckt ist.

Tropfen: Der Katze auf die Pfoten geträufelt, wird sie die Tropfen womöglich von ganz allein ablecken, vorausgesetzt, sie munden ihr. Bittere Arznei kann so eingegeben werden, wie ich es schon beim Füttern (→ oben) beschrieben habe.

Temperaturmessen: Mit einer Hilfsperson geht es am einfachsten. Während diese die Katze vorne festhält und beruhigend auf sie einredet, heben Sie den Schwanz etwas an, führen das mit Niveacreme eingefettete Thermometer vorsichtig ungefähr 2 cm tief in den After ein und lassen es 1 bis 2 Minuten drin. Die Temperatur einer gesunden Katze beträgt etwa 38,5 bis 39 °C.

Puls fühlen: Der Pulsschlag läßt sich am besten an der Oberschenkelinnenseite fühlen, und zwar so, daß es der Katze nicht so bewußt wird. Streicheln Sie sie mit der einen Hand und tasten Sie mit der anderen, bis Sie den Pulsschlag fühlen. Der Puls einer Katze schlägt im Normalfall zwischen 110- und 140mal in der Minute.

Augen- und Ohrentropfen: Beim Träufeln in die Augen mit der speziellen Tropferflasche den Kopf der Katze von hinten festhalten und gleichzeitig das Augenlid mit dem Zeigefinger vorsichtig zurückziehen. Mit der Tropferkanüle nie den Augapfel direkt berühren!

Beim Träufeln ins Ohr die Ohrmuschel behutsam hochziehen und so den Ohrkanal öffnen. Danach das Ohr vorne am Ansatz sanft massieren, damit die Flüssigkeit sich im Gehörgang verteilt.

Der Leib einer Katze sollte weich und geschmeidig sein, die Haut muß sozusagen locker sitzen, und der Bauch darf sich nicht hart und gespannt anfühlen.

<u>Spritzen:</u> Eine an Diabetes leidende Katze muß täglich eine Injektion bekommen. Lassen Sie sich vom Tierarzt die richtigen Handgriffe zeigen. Wenn Sie geübt sind, wird die Katze es kaum spüren. Eine Freundin erzählte mir sogar, daß ihre Katze ihr die »Impfstelle« zu der bestimmten Zeit regelrecht präsentierte.

Erste Hilfe bei leichten Gesundheitsstörungen

Als Tierhalter sind Sie dafür verantwortlich, daß Ihrer kranken Katze schnelle und sachkundige Hilfe zuteil wird. Im Zweifel wenden Sie sich immer an den Tierarzt. Das eine oder andere können aber auch Sie tun. Alle genannten Naturheilmittel bekommen Sie in der Apotheke.

<u>Heilbehandlung bei leichtem Durchfall</u> (breiiger Kot; bei zusätzlichem Erbrechen gleich zum Tierarzt): Liegt es an der falschen Ernährung (Milch, rohe Leber, sauer gewordenes Fleisch), <u>diese gleich absetzen.</u> Kamillen- oder Pfefferminztee einflößen (mit Einwegspritze ohne Nadel, → Seite 66). Einige getrocknete Heidelbeeren (Reformhaus) im Mörser reiben und in den Tee geben. Wenn nach spätestens 2 Tagen keine Besserung, zum Tierarzt gehen.

<u>Heilbehandlung bei leichter Verstopfung</u> (Beschwerden beim Kotabsatz): Edelkatzen (lange Haare) können darunter leiden. Sehr oft reicht schon etwas Milch als Abführmittel oder ein- bis zweimal 1 Teelöffel Olivenöl ins Fressen. Besserung sollte sich nach 2 Tagen einstellen. Kommt Erbrechen dazu, den Tierarzt zu Rate ziehen.

<u>Heilbehandlung bei Schnupfen:</u> Probieren Sie ein Kamillendampfbad, indem Sie sich mit dem Tier auf dem Schoß gemeinsam vor den Topf unter das Handtuch setzen. Wenn keine Besserung eintritt, zum Tierarzt gehen.

<u>Heilbehandlung bei Husten:</u> Gegen Husten hilft ebenfalls ein Dampfbad, und zwar zu gleichen Teilen aus Huflattich, Eibisch und Kamille. Wenn keine Besserung, zum Tierarzt gehen.

<u>Heilbehandlung bei Augenentzündungen:</u> Bei geschwollenen Bindehäuten vorsichtig den Augenwinkel drei- bis viermal täglich mit Euphrasia (10 Tropfen auf ein Glas handwarmes Wasser) betupfen. Wenn keine Besserung, zum Tierarzt gehen.

<u>Heilbehandlung bei Prellungen:</u> Diese kann sich die Katze bei einem Sturz zuziehen. Wechselweise Umschläge aus Arnika- oder Calendula-Tinktur (Verdünnung beachten) und ein- bis dreimal täglich je eine Arnika-D3- oder Traumel-Tablette.

<u>Heilbehandlung bei oberflächlichen Verletzungen:</u> Mit einem Verband aus Calendula-Tinktur/Salbe oder Kamille-Tinktur behandeln. Dazu die Tabletten, wie bei Prellungen beschrieben. Tiefere Wunden (Stacheldrahtrisse, Hundebisse) vom Tierarzt versorgen lassen.

<u>Schockbehandlung nach Unfällen:</u> Eine der wichtigsten lebenserhaltenden Erste-Hilfe-Maßnahmen. Die Katze auf die rechte Seite (natürlich nur, wenn sie dort keine äußerliche Wunde hat) auf eine Decke oder ein Handtuch legen, indem Sie sie vorsichtig von hinten am Nacken und den Rumpf unterstützend hochnehmen. Die Decke um sie herumschlagen und das Tier bequem in den Korb oder auf Ihren Schoß betten. Den Kopf etwas niedriger halten als den Rest des Körpers, damit das Gehirn durchblutet bleibt. So zum Tierarzt transportieren, den Sie vorher vom Unfall unterrichtet haben sollten.

Katzen, die eben noch an der Heizung geschmort haben und gleich darauf einen Inspektionsgang durch den Garten machen, können relativ leicht Husten bekommen, der aber nicht bedrohlich ist.

67

Gesundheits-Checkup

Katzen eilt der Ruf voraus, daß sie zäh, abgehärtet und widerstandsfähiger gegen Krankheiten sind als viele andere Tiere. Zur Erhaltung dieser natürlichen Widerstandskräfte können Sie beitragen, indem Sie die nachfolgend beschriebenen Kontrolluntersuchungen von Zeit zu Zeit durchführen.

Vergessen Sie aber nicht, daß der erfolgreichste Weg, Ihre Katze gesund zu erhalten, die artgerechte Haltung ist. Dies bedeutet für das Tier, daß es genauso leben kann, wie es seiner Art zukommt. Nämlich über den Tag verteilt schlafen oder ruhen, ohne dabei gestört zu werden. In den Wachperioden alle Fähigkeiten des Körpers und der Sinne so nutzen, daß es sich ausgelastet fühlt. Sich ausgewogen ernähren, das heißt mit den Nährstoffen, wie sie zum Beispiel in einer Maus zu finden sind, und das ist eine erstaunlich vielfältige Speisekarte (→ Katzenernährung, Seite 48). Wenn Ihre Katze also lustlos herumsitzt, muß es nicht gleich an einer Gesundheitsstörung liegen.

• Prüfen Sie, ob das Revier – Wohnung, Haus, Garten – so gestaltet ist, daß die Katze ihren Beschäftigungen nachgehen kann: Schlafen, Ruhen, Beobachten, Klettern, Kratzen, Jagen, Spielen, und anderes mehr.

• Sorgen Sie dafür, daß dem Reinlichkeitsbedürfnis der Katze entsprochen wird: Katzenklo sauberhalten, Futterschüsseln reinigen, Ohren putzen, Fell bürsten.

• Schränken Sie die Gefahren für die Katze so weit wie möglich ein (→ Gefahren für die Katze, Seite 45).

• Geben Sie Ihrer Katze nährstoffreiches Futter und achten Sie darauf, daß es frisch und ausgewogen ist (PRAXIS Ernährung, Seite 56 und 57).

Zahnkontrolle

Foto 1

Etwa 3 Wochen nach der Geburt bekommt das Kätzchen seine Milchzähne, die etwa ab dem 5. Lebensmonat von den dauernden Zähnen ersetzt werden. Der Zahnwechsel vollzieht sich fast unbemerkt, die Milchzähne werden entweder ausgespuckt oder verschluckt. Das Milchgebiß besteht aus 26, das Dauergebiß aus 30 Zähnen.

Achten Sie bei der Kontrolle auf folgendes:

Zahnsteinbildung: Wird bei Katzen gefördert durch zu weiches Futter und hartes Trinkwasser. Vorbeugen können Sie, indem Sie der Katze einmal pro Woche einen kleinen Kalbsknochen oder -knorpel zum Knabbern geben und abgekochtes Wasser zum Trinken reichen. Hat sich Zahnstein gebildet, sollte er vom Tierarzt entfernt werden.

Zahnfleischentzündungen: Sie entstehen oft durch Zahnstein oder durch Infektionen im Mund und Rachen. Man erkennt sie an einer roten Linie am Zahnfleisch, außerdem stinkt die Katze aus dem Maul.

Afterkontrolle

Foto 2

Kotverklebungen am After deuten auf Durchfall hin. Er kann vielfältige Ursachen haben, zum Beispiel Verdauungsstörungen durch die Ernährung, Parasitenbefall des Darms, Infektionen oder Viruserkrankungen. Durchfall ist also, vor allem wenn er länger anhält, immer ein Alarmsignal des Körpers und muß sorgfältig beobachtet werden. Bei leichtem Durchfall können Sie mit einer Heilbehandlung Abhilfe schaffen (→ Seite 67).

Hautkontrolle

Foto 3

Hautkrankheiten können sich bei Katzen sehr rasch entwickeln. Sie sollten deshalb die Haut regelmäßig kontrollieren, um eine mögliche Krankheit im Keim zu ersticken. Das ist auch wichtig für Sie, da manche Hautkrankheiten auf den Menschen übertragbar sind (→ Seite 63). Gehen Sie mit der Katze also frühzeitig zum Tierarzt.

Deutliche Anzeichen dafür, daß mit der Haut etwas nicht stimmt, ist ständiges Kratzen an bestimmten Stellen.

Hautpilzerkrankungen, zum Bei-

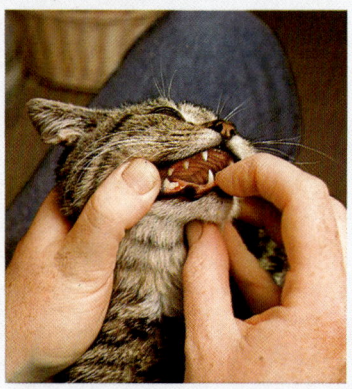

1 | *Zahnstein sollte regelmäßig entfernt werden, da er zu Zahnfleischentzündungen führt.*

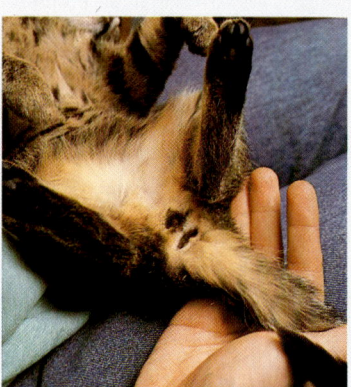

2 | *Kotverklebungen an After und Geschlechtsteil deuten auf Durchfall hin.*

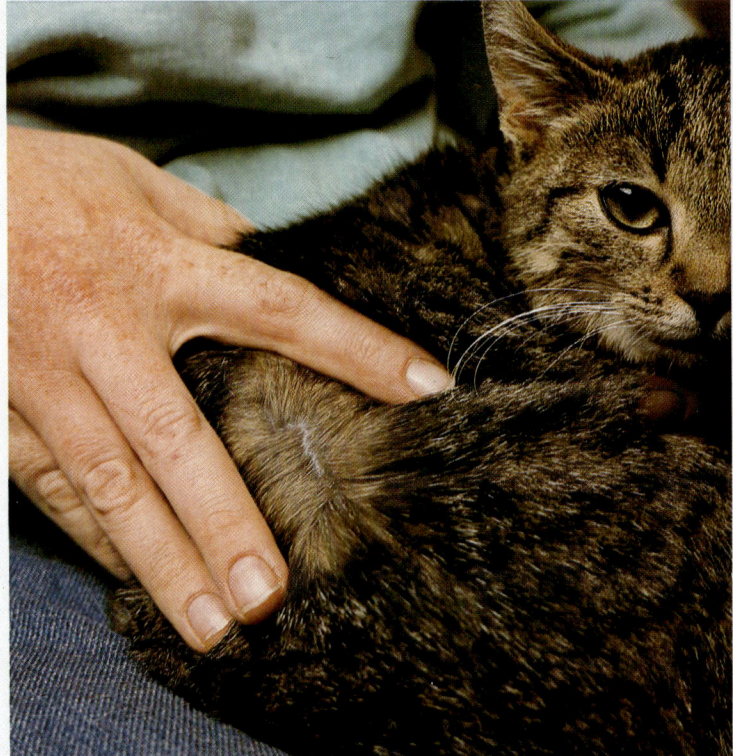

3 | *Gerötete Hautstellen oder kreisrunde Verkrustungen weisen auf Hauterkrankungen hin, deren Ursachen verschieden sind.*

Ohrenkontrolle
Foto 4

Katzenohren können innerlich von Ohrmilben, äußerlich von einer Hautkrankheit befallen werden oder sich entzünden. Erkrankungen dieser Art lassen sich durch regelmäßige Kontrolle in den Anfängen erkennen und sofort behandeln, damit sie nicht schlimmer werden. Schüttelt die Katze den Kopf, kratzt sie sich dauernd am Ohr und ist sie sichtlich irritiert, sollten Sie im Ohr nachsehen. Entdecken Sie im und am Ohr einen schmierigen Belag und braune Verkrustungen, deutet das auf Ohrmilben hin. Stark gerötete oder entzündete Haut im Gehörgang (mit einer Taschenlampe hineinleuchten) ist ein Zeichen für Ohrenentzündung. Sie kann, wenn sie nicht gleich behandelt wird, zu einer gefährlichen Mittelohrentzündung führen. Kleine kahle Stellen an den Ohren weisen auf eine Hautkrankheit hin.

spiel die Mikrosporie, sind an kreisrunden, haarlosen Stellen zu erkennen, die zum Teil starke Krusten- beziehungsweise Schuppenbildung aufweisen. Parasiten wie Flöhe sind an entzündeten Hautstellen und Haarausfall zu erkennen. Ihre Katze kann aber auch unter Allergien leiden oder an Hormonstörungen. Richtig erkannt und sachgemäß behandelt werden können alle diese Erkrankungen nur vom Tierarzt.

Augenkontrolle
Foto 5

Die Augen der Katze sind normalerweise klar und rein. Bei einer Bindehautentzündung hingegen sind sie gerötet und druckempfindlich, der Ausfluß schmieriggelb und die Nickhaut fällt vor (Heilbehandlung, → Seite 67). Manchmal geraten Fremdkörper ins Auge, zum Beispiel ein Grassame, ein Härchen, ein Sandkorn. Anzeichen dafür ist plötzlicher, reichlicher Tränenfluß auf einem Auge. Wenn der Fremdkörper die Augenoberfläche durchbohrt hat, verursacht er heftige Schmerzen. Selbst wenn Sie ihn sehen können, sollten Sie ihn nur vom Tierarzt entfernen lassen.

4 | *Schmieriger Belag oder gerötete Haut sind ein Zeichen für Ohrenerkrankungen.*

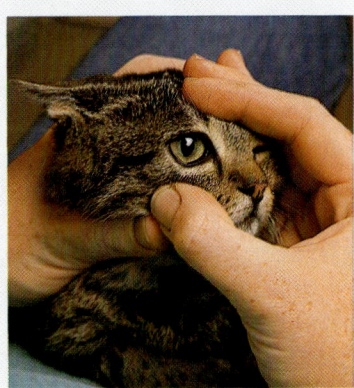

5 | *Fremdkörper im Auge sind schmerzhaft und müssen vom Tierarzt entfernt werden.*

Krankheiten erkennen

Das fällt auf	Mögliche Ursachen, bei denen Sie selbst Abhilfe schaffen können
Sitzt lustlos herum	Langeweile, keine Anregung zum Spielen
Frißt nicht	Ablehnen des vorgesetzten Futters
Erbrechen	Fressen von Gras, beim Putzen verschluckte Haare, zu gierig hinuntergeschlungenes oder zu kaltes Futter
Speicheln	starke Erregung
Übler Mundgeruch	unmittelbar nach dem Fressen, zum Beispiel von Fisch
Ständig durstig	scharf gewürzte Essensreste
Durchfall	falsche Ernährung (Milch, rohe Leber, sauer gewordenes Futter)
Frißt übermäßig	Nachholbedarf nach ein paar Streuntagen oder nach einer Geburt
Pressen ohne Absetzen von Kot oder Urin	Probleme beim Kotabsatz durch Bewegungsmangel oder falsche Ernährung
Augen tränen	Bindehautentzündung durch Zugluft oder scharfe Putzmittel
Niesen	Reizung der Nasenschleimhaut, Allergie
Husten	Verschlucken
Beschleunigtes Atmen	Hecheln bei großer Hitze, Schock, Angst oder Streß
Kratzen	Putzen und Reinigen des Fells
Nickhautvorfall, bei dem das dritte Augenlid das Auge teilweise bedeckt	häufige Erscheinung, die auf Unwohlsein schließen läßt; einseitig angeschwollen durch Verletzung des Auges nach einem Kampf
Schütteln und/ oder Schiefhalten des Kopfes	Ohrenentzündung
Bluten	kleine Hautwunde

Sanfte Therapeutin. Von ihrem Wesen her können Katzen für alte Menschen sehr beruhigend sein und grenzenlosen Frieden ausstrahlen.

Alarmzeichen, wenn diese Symptome hinzukommen	Mögliche Diagnose; sofortige Behandlung durch Tierarzt nötig
häufiges Erbrechen oder Durchfall mehr als 24 Stunden, Atembeschwerden, Kreislaufkollaps	ungewiß, Virusinfektion, Vergiftung, bakterielle Infektion
Erbrechen oder Durchfall	alles möglich
Apathie, Durchfall	Wurmbefall, Vergiftung (zum Beispiel durch Pflanzen), Virusinfektion, bakterielle Infektion
frißt kaum	Zahnstein, Zahnfleischentzündung
Erbrechen, Zittern, Speicheln	Infektion der Mundhöhle, Zahnfleischerkrankungen, Magenverstimmung, Vitamin-B-Mangel
Gewichtsverlust, Erbrechen	Nieren- oder Lebererkrankung, Diabetes
blutiger Kot, Erbrechen	Virusinfektion, Wurmbefall, bakterielle Infektion
lehmfarbener Kot, struppiges Fell, Abmagerung	Wurmbefall, Erkrankung der Bauchspeicheldrüse
stößt Schmerzenslaute aus	Verstopfung, Mastdarmverschluß, Blasen- und Harnleiterentzündung
eitriger Ausfluß	eitrige Bindehautentzündung, Augenverletzung, Katzenschnupfen
Fieber, Atembeschwerden, Husten	Erkältung, Virusinfektion
Schleimauswurf, Fieber, Atembeschwerden	Erkältung, Bronchitis, Virusinfektion, Fremdkörper im Rachen
Fieber, Husten	Infektion der Atemwege, Brustkorb-, Lungenverletzung
Kratzt sich dauernd am ganzen Körper	Ohrmilben, Flöhe, Läuse, Hautentzündungen
Augenausfluß	Verletzung, Infektion, Fremdkörper im Auge, Tumor
Kratzt sich nur hinterm Ohr, Schmerzen	Ohrmilben, Mittelohrentzündung
Blut aus Maul, Afterregion, großer Wunde	Infektion von Darm, Gebärmutter und Blase, Kampfverletzung, Unfall

Stubenrein. Etwa ab der 3. Woche fangen kleine Kätzchen an, aufs Katzenklo zu gehen. Sie lernen es durchs Nachmachen, denn die Mutter kümmert sich nun nicht mehr um ihre Sauberkeit. Jetzt sollten Sie darauf achten, daß es nicht zu Verdauungsstörungen kommt.

Katzenliebe –
ein Thema mit Folgen

Zwei- bis dreimal im Jahr wird eine Katze rollig. Ebenso oft kann sie Junge bekommen. Geburtenkontrolle ist deswegen notwendig, denn der Mensch trägt die Verantwortung, daß auch die Jungen gut untergebracht werden. Wer miterleben will, wie seine Katze Mutter wird, findet in diesem Kapitel Wissenswertes darüber. Bei aller Freude über die niedliche Katzenkinderstube sollte man nicht vergessen, daß das Aufziehen von Kätzchen keine Sache ist, die man »mit links« machen kann.

Miou-Miou, unsere erste Katze, sollte Junge bekommen, hatte der Familienrat beschlossen. Da wir am Wochenende regelmäßig aufs Land fuhren, wußten wir, daß es dort einen prächtigen roten Kater gab, der an unserer Katze auch schon sein Interesse bekundet hatte. Die »eingefädelte Hochzeit« klappte auch fabelhaft, was bei Katzen nicht unbedingt der Fall sein muß (→ Das Vorspiel, Seite 73). Als sich bei Miou-Miou dann die ersten Zeichen der Schwangerschaft zeigten, freuten wir uns riesig. Damals meinte ich nämlich, daß meine Katze wenigstens einmal im Leben Junge haben müßte.

Indessen sind sich die Fachleute darüber einig, daß das Aufziehen von Kätzchen nichts am Verhalten der Katze ändert. Sie wird dadurch weder anhänglicher noch sozialer, das heißt, der Charakter und die Persönlichkeit der Katze bleiben gleich, ob sie nun Junge hat oder nicht. Dennoch – in erster Linie ist es wohl der eigene Wunsch, wenigstens einmal eine niedliche Katzenkinderstube mitzuerleben und den überträgt man dann auf seine Katze.

Die rollige Katze

Zwischen dem 6. und 12. Lebensmonat wird eine Katze geschlechtsreif und dann zwei- bis dreimal im Jahr rollig. Wer noch nicht wissen sollte, wann sie in Hochzeitsstimmung kommt, wird von ihr darüber in keinerlei Zweifel gelassen. Sie bringt dies unmißverständlich zum Ausdruck. Mit der Paarungszeit, die auch Brunst-, Ranz- oder Rollzeit genannt wird und zwischen 15 und 21 Tage dauert, ist zweimal im Jahr zu rechnen, nämlich etwa Anfang März und Anfang Juni. In dieser Zeit kann sich der noch unerfahrene Katzenbesitzer auf allerlei gefaßt machen.

Die Kätzin durchstreift unruhig die Wohnung, streicht um die Beine des Menschen herum, schnurrt, gibt dauernd Laute von sich und will unentwegt gestreichelt werden. Doch kann sie das auf die Dauer nicht zufrieden stellen. Zunehmend rastloser rollt sie sich auf dem Boden hin und her, miaut und schreit sich nach dem Kater die Seele aus dem Leib. Wenn ihre Sehnsucht nicht gestillt wird, ertönt ihr Liebesgesang, der dem Weinen eines kleinen Kindes nicht unähnlich ist, beinahe ununterbrochen. Vor allem die Exoten, wie zum Beispiel Siamkatzen (→ Porträts beliebter Rassekatzen, Seite 116 bis 137), sind von unglaublicher Stimmgewalt und geradezu schamloser Hemmungslosigkeit, was die Zurschaustellung ihres Triebes anbelangt. Meine Burmakatze Nina geriet völlig außer Rand und Band. Sie fraß nicht mehr, rollte sich unermüdlich mit schlangengleichen Bewegungen von einer Seite zur anderen und »präsentierte« sich jedem mit erhobenem Hinterteil und weggeknicktem Schwanz. Dazu holte sie Töne aus sich heraus, über deren röhrende Tiefe man sich nur wundern konnte.

Der Kater auf Liebespfaden

Den Kater treibt es nicht weniger umher. Unwiderstehlich zieht es ihn hinaus auf Kätzinnensuche. In der Wohnung tobt er herum, kratzt an Fenstern und Türen, um hinauszugelangen, und hinterläßt überall seine Duftmarken. Kurzum, es ist unerträglich. Abhilfe hierfür bringt nur die Kastration (→ Seite 35). Draußen durchstreift der Kater weite Gebiete, versprüht eifrig seinen mit Duftstoffen angereicherten Urin, kommt nächtelang nicht nach Hause, miaut und jault, murrt und knurrt und schlägt sich mit anderen Katern um die Gunst einer Mieze.

Als ich Mitte April in meinem italienischen Feriendomizil ankam, schlichen die Kätzinnen bereits alle mit dicken Bäuchen herum und bekundeten keinerlei Interesse mehr am männlichen Geschlecht. Die Kater indessen pirschten nach wie vor liebesdurstig durch die Gegend. Da sie praktisch das ganze Jahr über deckfähig sind, versuchen sie überall an eine Katze zu kommen. Mein Nachbarkater interessierte sich sehr für meine beiden Katzen und pflasterte den Treppenabsatz vor unserer Haustür mit seinem Duft geradezu voll. Doch all sein Miauen und Knurren war leider vergebliche Liebesmüh, denn Nina und Matilda sind kastriert.

Liebesstimmung. Begeistert rollt sich der Kater auf den Rücken. Offensichtlich hat er den Duft einer rolligen Katze wahrgenommen, der ihn sexuell erregt.

Das Vorspiel – ein strenges Ritual

Die Wahl des Katers ist reine Frauensache. Führt man also in der Wohnung seiner Kätzin einen Kater zu, so kann es durchaus vorkommen, daß sie ihn ablehnt. Da ist dann nichts zu machen, und man muß sich nach einem neuen Kandidaten umsehen.

Ungeachtet des beiderseitigen Verlangens spielt sich die Sache nach einem strengen Ritual ab, denn dem Einzelgänger Katze fällt es schwer, einem fremden Artgenossen so ohne weiteres zu nahe zu treten. Da kann die Kätzin sich vorher noch so mannstoll gebärdet haben, jetzt läßt sie sich Zeit, zumal wenn sich mehrere Anwärter auf ihre Gunst einstellen. Ruhig sitzt sie in einiger Entfernung da und ist auch nicht sonderlich beeindruckt, wenn die Kater sich fauchend und kreischend in die Haare geraten. Keineswegs ergibt sie sich dem, der als Sieger hervorgegangen ist. Auch der Unterlegene hat bei ihr eine Chance, und die Kater respektieren das.

Nähert sich ihr der, den sie mit lockenden Miaurufen erkoren hat, flieht sie erst einmal vor ihm und wehrt ihn, falls er aufdringlich wird, sogar mit Tatzenhieben ab. Dieses Verhalten nennt man »Kokettierflucht«, denn weit entfernt sie sich nicht. Sobald sie etwas Distanz gewonnen hat, wälzt sie sich herausfordernd und lockt ihn mit aufmunternden Lauten wieder zu sich her. Das wiederholt sich noch mehrere Male und dient dazu, das tief wurzelnde Abwehrbedürfnis vor der Paarung Schritt für Schritt zu überwinden.

Werden Kater und Kätzin schon seit langem zusammen gehalten, dann bedarf es dieses komplizierten Vorspiels nicht mehr. Möglicherweise bekommt man sogar kaum etwas mit, weil die beiden von vornherein vertrauter miteinander umgehen und die Paarung sich weniger lautstark und sanfter vollzieht.

Paarung

Willigt die Kätzin endlich in die Werbung des Katers ein, duckt sie sich, legt den Schwanz beiseite und vollführt mit den Hinterbeinen tretelnde Bewegungen. Der Kater steigt über sie, packt sie am Nackenfell und vollzieht knurrend mit ein paar Stößen die Paarung. Sofort danach erfolgt der Samenausstoß, den die Katze mit einem durchdringenden Aufschrei begleitet. Darauf flüchtet der Kater mit einem Satz, denn die Katze pflegt ihm meistens eine Ohrfeige zu verpassen.

Dieses Packen im Genick sieht zwar recht brutal aus, könnte aber dem Zweck dienen, die Katze für den Moment des Deckakts vollkommen ruhig zu stellen, ähnlich der Tragstarre, in die kleine Kätzchen verfallen, wenn sie von der Mutterkatze am Genick herumgetragen werden.

Auch der Schrei, den die Kätzin ausstößt, sobald der Kater seinen Penis aus der Scheide zieht, und die wütenden Tatzenhiebe, mit denen sie ihn traktieren will, haben ihren triftigen Grund. Man hat nämlich herausgefunden, daß der Penis mit Stacheln bewehrt ist, die beim Eindringen glatt anliegen, sich beim Herausziehen jedoch aufrichten und die Scheidenwände schmerzhaft zerkratzen. Dieser »Schock« ist notwendig, denn erst dadurch wird der Eisprung in Gang gesetzt und die Befruchtung möglich.

Nach der Kopulation verharren Kater und Kätzin in einiger Entfernung voneinander und lecken ihre Genitalien. Allerdings ist die Katze binnen kurzem wieder in Stimmung – den Schmerz hat sie bereits vergessen – und wälzt und rollt sich erneut, so daß es bei einem Deckakt nicht bleibt. Den kann die Kätzin übrigens danach auch noch mit anderen Katern vollziehen, und es ist durchaus möglich, daß sie Kätzchen von verschiedenen Vätern zur Welt bringt.

Die Zucht mit Rassekatzen

Als ich meine Burmakatze Nina decken lassen wollte, dachte ich zwar nicht an Zucht, doch da sie nicht nur hübsch aussieht, sondern auch vom Charakter her eine besonders liebenswürdige und reizende Katze ist, machte ich es mir mit der Katerwahl nicht leicht. Allerdings ist die Auswahl vor Ort manchmal gar nicht so einfach, und möglicherweise müssen Sie auch eine weite Reise machen, denn im Gegensatz zu den Gepflogenheiten ist in der Zucht der Kater der Pascha, zu dem die Katze gebracht werden muß.

Zum Bild:
Kartäuserkater, Britisch Kurzhaar, Blau, ein erfolgreicher Zuchtkater. Wer die Zucht mit Rassekatzen betreiben will, muß wissen, daß er mit seiner Kätzin den Deckkater besuchen muß. Bei seltenen Rassen kann das manchmal eine weite Reise sein.

Der Umzug in ein neues Nest, den Katzenmütter mit ihren Jungen etwa zwischen dem 20. und 30. Lebenstag vollziehen, ist noch ein Relikt aus ihrer wilden Vergangenheit. Wahrscheinlich hängt diese Handlung damit zusammen, daß die Kätzchen sich allmählich daran gewöhnen müssen, feste Nahrung zu sich zu nehmen. Also sucht sich die Katzenmutter ein Nest, das die größtmögliche Nähe zum besten Futterangebot bietet. Diese Umzugsaktion liegt der domestizierten Katze noch im Blut, auch wenn sie sich um die Nahrungsbeschaffung nicht mehr kümmern muß.

Was Sie vorher bedenken sollten

• Lassen Sie Ihre Katze nicht gleich bei der ersten Rolligkeit decken. Sie muß mindestens 1 Jahr alt sein, Langhaarkatzen sogar noch etwas älter.

• Selbstverständlich muß der Nachweis für alle Impfungen vorliegen ($\rightarrow$ Seite 61), ebenso für Leukoseunverdächtigkeit.

• Wenn Sie die Katze zum Zwecke der Zucht decken lassen wollen, müssen Sie Mitglied in einem Zuchtverein sein und für alle Zuchttiere ordnungsgemäße, den Zuchtrichtlinien entsprechende Abstammungsnachweise besitzen. Nur so bekommen Sie auch Stammbäume für Ihre Jungtiere.

• Nach den Zuchtrichtlinien darf Ihre Zuchtkatze höchstens zweimal im Jahr Junge zur Welt bringen und erst 3 Monate nach dem letzten Wurf erneut gedeckt werden.

• Auch für die Kätzchen gelten strenge Bestimmungen. Sie müssen innerhalb von 4 Wochen beim Verband gemeldet und dürfen erst ab 3 Monaten an einen neuen Besitzer abgegeben werden. Bis dahin müssen Sie ihnen viel Pflege und Zeit angedeihen und sie vom Tierarzt entwurmen und impfen lassen.

• Es kann durchaus sein, daß Ihre Katze zum Deckkater nicht in Liebe entbrennt oder daß sie selbst nach erfolgter Paarung nicht trächtig wird. Schon die Reise zum Kater ist mit Streß verbunden, dazu die fremde Umgebung, da mag manche Katze auf ihre Weise sensibel reagieren.

Die Wahl des Deckkaters

Wenn Ihnen nicht an der Zucht liegt, ist die Sache nicht ganz so schwierig. Am besten rufen Sie beim nächstgelegenen Edelkatzenzüchterverband an. Dort weiß man vielleicht von dem/der Besitzer/in eines nicht registrierten Tiers, das schön ist und voraussichtlich auch schöne Nachkommen zeugen kann.

Wollen Sie züchten, sollten Sie an folgendes denken:

• Der Deckkater muß registriert sein; ein Verzeichnis der bestätigten Kater aller Rassen liegt beim Edelkatzenzüchterverband vor.

• Bei einem zugelassenen Deckkater fallen Deckgebühren zwischen 100 und 300 Mark an, zuzüglich der Reise- und Hotelkosten, falls er in einer anderen Stadt wohnt. Denn wie gesagt, Sie müssen die Katze zum Kater bringen.

• Melden Sie sich gleich bei den ersten Anzeichen der Rolligkeit beim Katerbesitzer an, damit der Termin nicht von einer anderen Katze gebucht ist. Bringen Sie sie am dritten Tag ihrer Brunst zum Kater, dann haben die Tiere Zeit, sich aufeinander einzustellen. Ab dem vierten Tag ist eine Deckung erfolgversprechend.

• Bei der Wahl des Deckkaters sollten Sie darauf achten, daß sich hinsichtlich des Rassestandards gute und schlechte Punkte ausgleichen. Beispielsweise sollte eine Burmakatze intensiv gelbe Augen haben. Wenn die Ihrige dieses Merkmal nicht aufweist, kann dieser schlechte Punkt durch die richtige Augenfarbe des Katers ausgeglichen werden.

Doch zeigt sich letztlich erst an den Nachkommen, ob das, was Sie sich anhand von Stammbäumen und Augenschein ausgerechnet haben, dann auch tatsächlich eintrifft, das heißt, ob Kater und Katze gut zusammenpassen. Wenn ja, empfiehlt es sich, bei dieser »Ehe« zu bleiben.

Trächtigkeit

<u>Woran man sie erkennt:</u> Es dauert etwa 5 Wochen, bis Sie verläßlich feststellen können, ob Ihre Katze trächtig ist. Dann fangen nämlich die Zitzen an, sich rosa zu färben und aufzurichten, während das sie umgebende Bauchfell immer dünner wird. Die Kätzchen sind jetzt ungefähr 2,5 cm groß und wachsen nun schnell. Bei vorsichtigem Abtasten können Sie sie auch fühlen. Anfängern rate ich allerdings, lieber die Finger davon zu lassen, da sie durch ungeschicktes Betasten auch Schaden anrichten können. Wenn Sie ganz sicher gehen wollen, ob zum Beispiel Ihre Rassekatze trächtig ist, lassen Sie es lieber vom Tierarzt feststellen.

<u>Wie sich die Katze benimmt:</u> In dieser Zeit ist sie besonders anhänglich an ihren Menschen. Wenn sie nach draußen kann, entfernt sie sich nicht mehr allzuweit vom Haus und kehrt schnell wieder auf ihr Lieblingsplätzchen zurück. Doch da sie gerade jetzt frische Luft und auch Bewegung braucht, sollten Sie sie dazu ermuntern und mit ihr regelmäßig eine Runde drehen. Ab der 5. Woche, wenn die Flanken sich füllen und ihr Bauch immer runder wird, wird die Katze zwar ohnehin etwas träger, aber vor allzu hohen Absprüngen sollten Sie sie bewahren. Im übrigen geht alles seinen gewohnten Gang.

<u>Was und wieviel sie frißt:</u> Eine trächtige Katze muß nicht mehr, aber nährstoffreicheres Futter bekommen. Da sie öfter Hunger hat, geben Sie es ihr in kleineren Portionen über den Tag verteilt. Sie braucht vor allem eiweißreiche Nahrung in Form von magerem Frischfleisch, Quark, Eigelb, Getreideflocken und geriebenem mildem Hartkäse. Dazu ein Kalk- und Vitaminpräparat, das Sie sich am besten vom Tierarzt empfehlen lassen.

<u>Worin sie wirft:</u> So etwa ab der 5. Woche begibt sich die Katze auf Nestsuche. Sie durchstöbert die Wohnung, treibt sich in Schränken, Schubladen und Körben herum und inspiziert selbst die merkwürdigsten Orte, sofern sie ihr abgelegen und ruhig erscheinen. Auch nach draußen wird sie ihre Suche ausdehnen, deshalb sollten Sie damit beginnen, ihr ein entsprechendes Wurflager anzubieten.

<u>Was Sie tun können:</u> Wählen Sie am besten einen Korb, einen festen Pappkarton oder eine Kiste in den Maßen 30 x 50 cm mit einem 20 bis 25 cm hohen Rand. Die Katze sollte bequem darin Platz haben, sich jedoch beim Geburtsvorgang mit dem Rücken anlehnen und mit den Pfoten abstemmen können.

Ob Ihre Katze das Wurflager annimmt, ist nicht gesagt. Wenn Sie sie immer wieder hinführen, wird sie sich vielleicht darauf einlassen. Wählt sie dennoch beispielsweise eine dunkle Schrankecke, können Sie das Nest ja dort hineinstellen. Legen Sie es mit einem harten Kissen mit waschbarem Bezug aus, darüber eine dicke Lage Zeitungspapier, und bedecken Sie alles mit einem sauberen Tuch. Meistens kratzt die Katze das Tuch dann so zusammen, daß es eine ihr genehme Mulde bildet. Meine Miou-Miou entschied sich am Ende aber doch dafür, ihre Kinder im Wäschekorb zu kriegen. Quartieren Sie die Katze in so einem Fall erst dann um, wenn alle Kätzchen geboren sind.

Burmakätzchen. Das Fell von Rassekatzenbabys weist oft noch nicht die vom Standard geforderte Farbe und Zeichnung auf. Auch die Augenfarbe ist noch nicht die der erwachsenen Katze.

Havanna-Kater. Zur Zucht von Rassekatzen sind nur Tiere zugelassen, die ordnungsgemäße, den Zuchtlinien entsprechende Stammbäume besitzen.

Anleitungen, Rat und Tips

Auf diesen Seiten finden Sie alle Informationen, die zum Thema Katzengeburt und was dabei zu beachten ist, wichtig und hilfreich sein können.

Geburtstermin

Den Geburtstermin können Sie selbst berechnen: 1. Decktag plus 63 Tage. Schwankungen bis zu 7 Tagen davor oder danach kommen vor, sind aber nicht weiter beunruhigend. Es kann durchaus geschehen, daß Sie von dem Ereignis überhaupt nichts mitkriegen, weil sich Ihre Katze nichts anmerken läßt. Sie wirft im allgemeinen leicht und ist sich auch ihr bester Geburtshelfer. Lassen Sie Ihre frei laufende Katze etwa 14 Tage vor dem Geburtstermin nicht mehr nach draußen, ohne ein Auge darauf zu haben. Denn trotz ihrer Anhänglichkeit an den Menschen ist sie irgendwie immer hin- und hergerissen zwischen ihrem Bedürfnis, die Jungen unbeobachtet an einem heimlichen Ort zu bekommen, und dem Wunsch, Zuspruch von Ihnen zu erhalten.

Hinweis: Informieren Sie sich beim Tierarzt oder Züchter, was Sie tun können, wenn sich bei der Geburt Komplikationen einstellen sollten. Wenn die Geburt nachts geschieht – was meistens der Fall ist –, sollten Sie im voraus wissen, welcher Tierarzt um Hilfe gebeten werden kann. Wenn eine Tierklinik am Ort ist, gibt es dort einen Notdienst.

Vor der Geburt

Foto 1

Die Katze wird Sie durch ihr unruhiges Benehmen wissen lassen, wann es soweit ist. Sie miaut hell und klagend, läuft hinter Ihnen her, dann wieder zu ihrem Wurflager oder scharrt im Katzenklo herum, ohne es zu benutzen.

Was Sie tun können: Führen Sie sie zu ihrem Lager (Wurflager, → Seite 77) und reden Sie ihr gut zu, dann wird sie schließlich liegenbleiben. Eine anhängliche Katze wird Ihre Gegenwart fordern. Drängen Sie sie ihr aber nicht auf und verhalten Sie sich ruhig und ausgeglichen. Nervosität und Aufgeregtheit würde sich nur auf die Katze übertragen und sie ängstigen.

Während der Geburt

Foto 2 und 3

Sie kann Stunden dauern, sich manchmal aber auch über den ganzen Tag hinziehen. Etwa 2 bis 3 Stunden nach der ersten Wehe ist mit dem ersten Jungen zu rechnen.

Was Sie tun können: Greifen Sie nur dann ein, wenn es wirklich nötig ist. Vor allem wenn Ihre Katze zum ersten Mal Junge kriegt, ist sie sehr nervös. Bleiben Sie bei ihr, beruhigen Sie sie durch sanften Zuspruch und zartes Streicheln. Sie können ihr auch die Hand gegen den Rücken halten, dann kann sie sich beim Pressen dagegenstemmen.

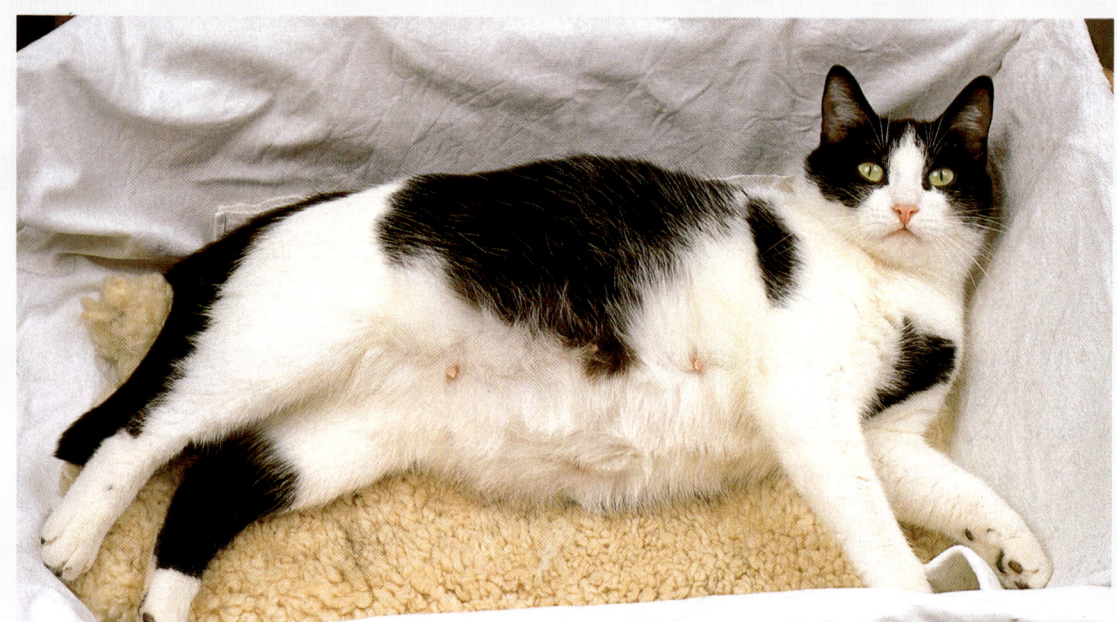

1 | *Zwei Tage vor der Geburt hat sich die Katze an das für sie vorbereitete Wurflager gewöhnt. Der Korb oder die Kiste sollte so groß sein, daß sie sich bequem darin ausstrecken kann.*

Hockend oder auf der Seite liegend preßt die Katze das Junge heraus. Sobald es ans Licht der Welt kommt, leckt die Mutter es sauber und regt damit seine Atemtätigkeit an. Wenn dann die Plazenta ausgestoßen wird, beißt die Katze die Nabelschnur dicht am Körper des Jungen durch und frißt sie mitsamt der Nachgeburt. Darin sind wichtige Nähr- und Mineralstoffe enthalten, die sie für die Anstrengungen der Geburt entgelten. Nach etwa 30 Minuten setzen die nächsten Preßwehen für das zweite Junge ein. In diesem Rhythmus geht es weiter, bis alle Jungen geboren sind.

Nach der Geburt
Foto 4
Kaum haben sich die Kätzchen von der Mühsal, auf die Welt zu kommen, erholt, fangen sie an, sich nach der Milchquelle vorzuarbeiten. Sie sind zwar noch blind und taub, können aber schon riechen. Ob es der Geruchssinn ist, der sie leitet, oder einfach die Wärme und das blindlings Um-Sich-Tasten, jedenfalls finden sie immer, wonach sie suchen.

Was Sie tun können: Wenn die Katze schließlich behaglich schnurrend auf der Seite liegt und die Jungen wie Kletten an ihren Zitzen hängen, können Sie vorsichtig Tuch und Zeitungen unter ihr hervorziehen. Die Katzenfamilie liegt dann sauber und trocken auf dem bezogenen Kissen.

Warm halten
Neugeborene Kätzchen brauchen vor allem Wärme. Manchmal kann es vorkommen, daß ihnen die Mutter nicht genügend davon bietet. Sie können es einer Katzenmutter ansehen, wenn sie nicht weiß, was sie zu tun hat, denn dann macht sie einen verwirrten und niedergeschlagenen Eindruck. Geht alles nach Plan, wirkt sie hingegen zufrieden und ruhig. Die beste Möglichkeit, neugeborene Kätzchen zu wärmen, besteht darin, sie auf eine Wolldecke zu legen mit einer Wärmflasche (38 °C) darunter. Zusätzlich können Sie über dem Nest

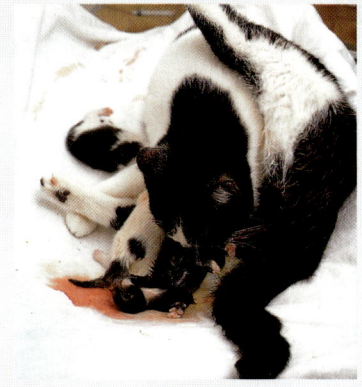

2 | *Sobald das Junge in der Fruchthülle ausgetrieben wird, reißt die Mutter sie auf.*

3 | *Durch eifriges Lecken wird die Atemtätigkeit angeregt.*

eine Infrarotlampe installieren (80 cm Abstand). Hin und wieder geschieht es, daß ein Kätzchen aus dem Nest fällt und die Mutter es nicht zurückholt. Stecken Sie es, um es schnell aufzuwärmen, in einen Wollsocken und legen Sie es wieder zurück an die Milchzitzen. Trinken und sich an die Geschwister kuscheln ist jetzt ganz wichtig.

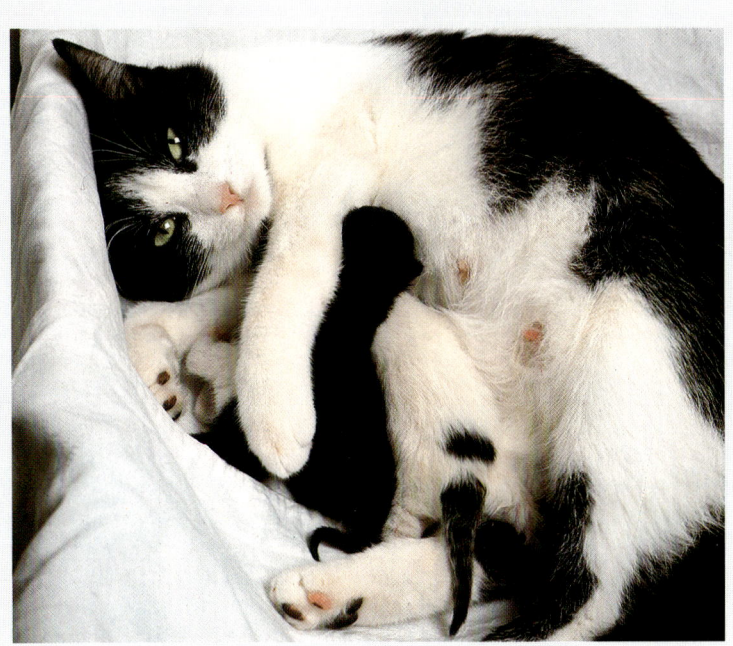

4 | *Behaglich schnurrend liegt die Katze auf der Seite, während die Kätzchen sich blindlings zur Milchquelle tasten.*

Die ersten Tage und Wochen

Neugeborene Kätzchen sind blind und taub, haben aber schon ihr vollständiges Fell. Auf diesen Seiten ist die Entwicklung bis zur 12. Woche beschrieben. Außerdem finden Sie praktische Tips für die Aufzucht ohne Mutter.

1. Woche
Foto 1 und 2
Tobi ist 3 Tage alt, etwa 15 cm groß und wiegt zwischen 120 und 150 g. Die Augen sind noch geschlossen, die winzigen Öhrchen zusammengefaltet. Er schläft viel und trinkt oft an seiner Lieblingszitze, die er am Geruch erkennt. Dabei beginnt er schon mit dem »Milchtreten«. Mädi ist die Schwester von Tobi. Sie ist eine Stunde später als er auf die Welt gekommen. Zur Anregung der Verdauung leckt ihr die Mutter den Bauch und anschließend den After sauber.

2. Woche
Foto 4
Inzwischen hat Mädi ihr Geburtsgewicht verdoppelt. Ihre Beinchen sind aber noch zu schwach, um den dicken Bauch vom Boden abzuheben, und sie kugelt immer wieder herum. Ihre Augen sind schon geöffnet, die Ohren richten sich auf. Wenn die Mutter nicht da ist, schlafen sie und ihr Bruder in einem dichten Knäuel. Schnurren kann sie schon wie ein Weltmeister, aber auch kläglich miauen, vor allem, wenn sie sich von der Mutter verlassen fühlt.

3. Woche
Foto 5
Die Kätzchen sind gewachsen und wiegen nun das Vierfache ihres Geburtsgewichts. Immer noch sind die Beine nicht lang genug, den dicken Bauch hochzuhalten. Dafür haben die Kätzchen ihre Muskeln schon unter Kontrolle, können sich auf die Füße stellen und die ersten wackligen Schritte machen. Am Ende der dritten Woche kann man ihnen schon die erste feste Nahrung reichen und neben der Kinderstube die Klokiste aufstellen.

4. Woche
Eben wurden Tobi und Mädi »umgezogen«. Kurzerhand packte die Mutter eins nach dem andern am Genick und schleppte sie in ein anderes Nest. Jetzt spielen die Kätzchen miteinander und tapsen gegenseitig nach ihren Schwänzchen. Sie springen und versuchen aus der Kiste zu klettern. Fremde werden mit Fauchen und angelegten Ohren begrüßt.

1 | Mit 3 Tagen ist das Kätzchen noch blind und taub.

2 | Immer wieder leckt die Mutter ihr Kleines sauber.

6. bis 8. Woche
Foto 3
Tobi und seine Schwester können schon eine ganze Menge. Boxen, einen Buckel machen, sich jagen, springen, sich putzen, das Katzenklo benutzen, gemeinsam aus einem Napf fressen, sich gegenseitig mit Nasenkuß oder durch Reiben begrüßen. Der Stellreflex entwickelt sich, das heißt die Fähigkeit, nach einem Fall auf allen vieren zu landen. Auch ihre erste Maus haben sie schon probiert, allerdings war sie von der Mutter gebracht worden. Tobis Jagdeifer ist so groß, daß er einmal erbeutetes Spielzeug knurrend verteidigt.

3. Monat
Die Mutter wehrt jetzt alle Saugversuche mit Tatzenhieben ab. Nun müssen die Kätzchen mit dem vorliebnehmen, was im Freßnapf ist oder sich selbst auf Beutefang begeben. Demnächst werden sie von ihren neuen Besitzern abgeholt, vorher müssen sie jedoch noch zum Tierarzt und schutzgeimpft werden.

Aufzucht ohne Mutter

Manchmal stirbt die Mutter nach der Geburt, oder sie kann aus dem einen oder anderen Grund die Kätzchen nicht ausreichend versorgen. Da Katzen ohne weiteres auch fremde Jungen wie ihre eigenen großziehen, ist es am besten, sich auf die Suche nach einer Katzenamme zu machen. Wollen Sie selbst versuchen, die Kätzchen hochzupäppeln, halten Sie sich an folgende Tips:

Unterbringung
Körbchen oder Karton an einen warmen, zugfreien Platz stellen und mit saugfähigem Zellstoff auslegen. In den beiden ersten Lebenswochen für eine konstante Wärme zwischen 25 °C und 30 °C sorgen, eventuell mit Heizkissen oder Infrarotlampe; danach

3 | *Kleine Katzen sind immer hungrig. Ab der 5. bis 6. Woche beginnen sie selbständig zu fressen.*

bis zur 6. Woche auf 20° C Umgebungswärme reduzieren.
Ab der 3. Woche Klo aufstellen.

Füttern

Milch in einem Saugfläschchen reichen oder mit einem Tropfenzähler (Medizinfläschchen) oder einer Einwegspritze (ohne Nadel!) einträufeln. Vor Benutzung wie für Babys sterilisieren. Die Milch auf 38 °C erwärmen (Lippenprobe), das Kätzchen auf dem Schoß vorsichtig um den Hals fassen und den Sauger langsam ins Mäulchen schieben. Vor und eventuell nach jeder Fütterung mit Klopapier leicht über Geschlechts- und Afteröffnung streichen, den Bauch ein wenig kräftiger massieren. Urin und Kot abwischen und den Analbereich mit Vaseline einreiben. Nach dem Trinken müssen die Kätzchen wie Babys aufstoßen. Sehr wichtig! Täglich Gewichtszunahme kontrollieren.

Nahrung

• Fertigmilch, zum Beispiel Simi Lac aus dem Zoofachhandel.
• Teiladaptierte Säuglingsnahrung (das Doppelte der für Kleinkinder angegebenen Menge nehmen).
• Hypoallergene Säuglingsnahrung.
• Selbstgemischte Nahrung zum Beispiel aus 1 Teil Reisschleim Instant (Milupa, Dr. Töpfer), 2 Teile Bärenmarke, 1 bis 2 Teile abgekochtes Wasser, 1 Messerspitze Vitamin- und Kalziumpräparate.

Hinweis: Kuhmilch ist wegen des zu hohen Milchzuckeranteils nicht verträglich für Kätzchen. Sehr gut eignet sich Schafsmilch.

Entwöhnen

Die Umstellung auf feste Nahrung beginnt ab der 3. Woche. Unter die Flaschennahrung zuerst einen halben Teelöffel passierte Babynahrung, etwas Fleischsaft oder Kalbsbrühe mischen und nach und nach den Anteil der festen Nahrung (Hüttenkäse, Hackfleisch, Reisbrei mit Rind- oder Kalbfleisch-Babynahrung) immer mehr steigern bis zur 8. Woche, ab der auch normal heranwachsende Kätzchen von der Mutter entwöhnt werden.

4 | *Noch schläft das Kätzchen viele Stunden am Tag.*

5 | *Das Kätzchen miaut, wenn die Mutter das Nest verläßt.*

Katzen verstehen lernen

Vieles an der Katze ist erstaunlich, zum Beispiel die Tatsache, daß sie sozusagen ein »Doppelleben« führt. Zu Hause bleibt sie Katzenkind, das zu seinem Besitzer aufsieht. Doch kaum ist sie draußen, benimmt sie sich völlig erwachsen, ist ihr eigener Herr, ein freies, wildes Tier, wachsam und nicht auf fremde Hilfe angewiesen. Sie ist anhänglich an den Menschen, doch wenn es ihr gelingt, ihn dazu zu bewegen, ihr die Tür zu öffnen, ist sie für eine Weile auf und davon, ohne einen Blick zurückzuwerfen.

Eines der größten Mißverständnisse, dem die Katze immer wieder unterworfen ist, besteht in der Redensart von der »falschen Katze«. Dazu schreibt der Verhaltensforscher Konrad Lorenz: »Es gibt wenige Tiere, in deren Gesicht der Kundige so eindeutig die augenblickliche Stimmung lesen könnte wie in dem der Katze.« Kundig, das muß man natürlich sein, um zu erkennen, warum eine Katze, die eben noch scheinbar friedlich dagesessen hat, dem sich freundlich Nähernden mit der Krallenpfote eins über die Nase gibt. Sie hat es mit allem signalisiert. Mit den Augen, Ohren, dem Schwanz, ja sogar mit den Schnurrhaaren.

Katzen verstehen lernen bedeutet also, über das Wissen um die verschiedenen Funktionen der Körperteile und Sinnesorgane hinaus ihre Signale zu entschlüsseln und besser mit ihnen umzugehen.

Der Katzenkörper – ein perfektes Instrument für die Jagd

Daran hat sich auf dem langen Weg von der Domestikation vor 3500 Jahren bis heute nichts geändert. Damals jagten Katzen Ratten und Mäuse, und davon gab es in den Kornspeichern der Menschen mehr als genug. Heute tun sie nichts anderes. Nach wie vor jagen sie Ratten und Mäuse, selbst als verwöhnteste Stubentiere – wenn sie dazu Gelegenheit haben. Mögen sie auch noch nie mit so einem Tier in Berührung gekommen sein, wenn es irgendwo raschelt und piepst, erwacht in ihnen der Jagdtrieb.

Hinzu kommt die Tatsache, daß die heutige Katze sich kaum von der damaligen unterscheidet. Seitdem die wilden Falbkatzen im Neuen Reich Ägyptens zu Hauskatzen wurden, veränderten sie sich nur geringfügig. Sie bewahrten sich vieles von ihrer wilden Herkunft und haben es jetzt noch gemein mit ihren wilden Verwandten. Nach wie vor bildet die Familie der Katzen *(Felidae)* eine sehr einheitliche Gruppe, und jede Katze, sei sie nun groß oder klein, ist sofort auch als solche zu erkennen und mit keinem anderen Tier zu verwechseln.

Körperbau – ein faszinierendes Ergebnis
In diesem Abschnitt will ich Sie keineswegs mit der Aufzählung der verschiedenen Knochen langweilen. Faszinierend ist das Endergebnis, nämlich ein muskulöser Körper, der es der Katze ermöglicht, sich in bemerkenswerter Vielfalt zu bewegen. Zum Schlafen rollt sie sich zusammen mit charakteristisch seitlich gelegtem Köpfchen. Wenn

Vorhergehende Doppelseite:
Mit der Nase in die Sahnetorte.
Kater und Sohn sind zu allem
Unfug bereit.

sie aufwacht, reckt und räkelt sie sich mit Inbrunst und beendet diese Streckphase, die den Kreislauf anregen soll, mit einem Katzenbuckel. Der langsam abgemessene Schritt, mit dem sie zum Futternapf schlendert, läßt nichts von dem spannungsgeladenen Schleichlaufen vermuten, in das sie verfällt, sobald sie nur den Anschein einer Beute wittert. Ganz zu schweigen von der biegsamen Gelenkigkeit, mit der sie sich durch Spalten und Löcher windet, platt wie ein Pfannkuchen unter Schränken verschwindet oder sich unter einem Zaun hindurchzwängt.

Diese unvergleichliche Geschmeidigkeit verdankt sie einem beweglichen Skelett, leichten, starken Knochen und mehr als 500 Muskeln (der viel größere Mensch hat nur etwa 650). Damit kann sie ihre beiden Körperhälften sogar in entgegengesetzter Richtung bewegen, zum Beispiel, wenn sie sich von oben in eine Schublade quetschen will, die nur einen Spalt weit offen steht. Und wer hat nicht schon die traumhafte Sicherheit bewundert, mit der die Katze, zierlich Pfötchen vor Pfötchen setzend, auf einer schmalen Zaunplanke balanciert.

Gliedmaßen – was die Katze damit alles tun kann

<u>Laufen:</u> Normalerweise trottet die Katze gemächlich dahin. Beim Anschleichen bewegt sie sich extrem langsam und kontrolliert, kann mitten im Schritt verhalten und lange in dieser Stellung verharren. Ist ihr Sinn auf ein Ziel gerichtet, wird ihr Schritt geschäftiger. Stürzt sie sich auf eine Beute, beziehungsweise muß sie vor einem Hund davonlaufen, kann sie wie aus der Pistole geschossen starten, die Geschwindigkeit aber nicht lange durchhalten.

<u>Springen:</u> Die Katze kann fünfmal so hoch springen, wie sie selbst groß ist. Meist macht sie es aus dem Stand und schätzt dabei die Entfernung so genau ab, daß sie dort landet, wo sie hinwollte. Den Sprung auf die Beute vollführt sie mit ausgestreckten Vorderpfoten und ausgefahrenen Krallen. Wenn sie überrascht wird, springt sie

Hinaufspringen. Während sich die Katze mit den Hinterbeinen abdrückt, sind ihre Vorderbeine noch angezogen. Im Sprung streckt sie sich in ganzer Länge weit vor, bis ihre Vorderpfoten das ins Auge gefaßte Ziel erreicht haben. Dabei ist der Schwanz als Steuerung tätig.

Einer der Gründe, warum die heutige Katze sich kaum von ihrer Vorfahrin, der wilden Falbkatze, unterscheidet, mag daran liegen, daß sie außer zum Mäusefangen zu nichts anderem verwendbar schien. Hunde wurden zum Jagen, Hüten, Ziehen oder Bewachen gezüchtet und unterlagen dadurch rasanten Veränderungen. Bei der Katze kam es hingegen nur auf Schönheit an, nicht auf Funktion. Anderes könnte bei ihrem eigenwilligen Wesen wahrscheinlich auch nie gelingen.

manchmal mit allen vieren nach rückwärts. Beim Hinunterspringen beugt sie sich zunächst so weit wie möglich vor, um die Entfernung zu verkürzen, und fängt den Aufprall federnd ab.

Klettern: Eine Katze erklimmt einen Baum, indem sie das erste Stück hinaufspringt, sich mit ihren nadelspitzen Krallen festhält und, diese wie Steigeisen benutzend, sich mit ihren Vorder- und Hinterbeinen rasch aufwärts bewegt. Hin und wieder passiert es im Eifer des Gefechts, daß sie sich zu weit nach oben gewagt hat. Plötzlich wird sie sich der Höhe bewußt und bleibt kläglich miauend wie angewurzelt sitzen. Da bleibt oft nur mehr die Feuerwehr als Helfer in der Not.

Das Hinabsteigen versucht die Katze zuerst mit dem Kopf voran. Das wird allerdings nur ein unbeholfenes Rutschen, da ihr die nach hinten gebogenen Krallen keinen Halt bieten. Besser geht es, wenn sie sich rückwärts nach unten begibt, aber das muß gelernt sein; junge Katzen haben anfangs damit ihre Schwierigkeiten.

Pfoten – der Gang auf leisen Sohlen

Die Katze berührt beim Gehen nur mit den Zehen den Boden. Und ist der Gang auf Zehenspitzen schon leise, so wird dieser Effekt durch die Polsterung der Ballen noch verstärkt. Das hindert die Katze nicht, mit allen vier Zehenspitzen fest auf der Erde zu stehen. Lassen Sie sie mal auf Ihrem Oberschenkel balancieren. Das ist, als bohrten sich vier Bleistifte in Ihre Haut. An diesen streichelweichen Pfoten sitzen nadelspitze Krallen, die an den Vorderpfoten zudem einziehbar sind. Und glauben Sie nicht, daß die Katze nur auf leisen Sohlen geht. Sie kann auch trampeln wie mit Nagelstiefeln.

Schwanz – das Stimmungsbarometer

Der Schwanz ist für die Katze Gleichgewichtsorgan und Stimmungsbarometer (→ Seite 90) zugleich. Sie handhabt ihn je nach Bedarf virtuos zum Balancieren wie ein Seiltänzer seinen Stab, zum Weitspringen oder Freifallen wie ein Luftschiffer sein Steuerruder, zum Ausdrücken von Stimmungen wie der Mensch seine Sprache.

Fell – die angemessene »Kleidung«

Das Fell ist Zierde und Schutz zugleich. Seine Farbe und Zeichnung ist bei jeder Katze anders. Seine Wärme und Weichheit lösen bei Alt und Jung angenehme Empfindungen aus. Der Katze ist das indessen einerlei. Für sie ist das Fell und die locker sitzende Haut die gerade richtig angemessene »Kleidung«. Es schützt sie vor kleinen Verletzungen und reguliert den Temperaturhaushalt. Im Sommer ist das Fell dünn, im Winter dick, eine Veranlagung, die bei der Wohnungskatze natürlich weniger ausgeprägt ist. Und noch etwas wird durch das Fell signalisiert: starke Erregung. Dann richten sich die Haare an Körper und Schwanz auf, was sowohl Aggression als auch Angst bedeuten kann.

Das Putzen des Fells bedeutet viel mehr als nur Reinigung. Unermüdlich schleckend hält die Katze es geschmeidig, damit es seine isolierende Wirkung nicht verliert. Wenn ihr heiß ist, verteilt sie eifrig schleckend soviel Speichel wie möglich über das Fell. Da sie nämlich am Körper keine Schweißdrüsen besitzt, macht sie sich die Abkühlung durch Verdunstung zunutze. Fellpflege dient der Katze auch zum Abbau von Spannungen, Aufregung oder Verlegenheit. Man nennt das Verdrängungs-Putzen.

Hinunterspringen. Zu Beginn sieht es so aus, als würde die Katze die Wand hinunterlaufen. Tatsächlich läßt sie sich eine Körperlänge hinunter, streckt dann Körper und Vorderbeine ganz weit nach vorne und stößt sich kräftig von der Wand ab, um beim Landen genügend Platz für ihre Hinterbeine zu haben. Beim Aufsetzen staucht sich der Körper zusammen, um so den Druck aufzufangen. Auch hier übernimmt der Schwanz die Steuerung.

Wie die Sinnesorgane der Katze funktionieren

Das Faszinierendste an der Katze sind ihre Augen, große bernstein-gelbe, kupferfarbene, veilchenblaue oder smaragdgrüne Seen. Die alten Ägypter brachten den im Dunkeln leuchtenden Katzenaugen besondere Verehrung entgegen, da sie glaubten, daß sie die Son-nenstrahlen widerspiegelten und die Menschen vor Dunkelheit be-wahrten.

Sehen – warum die Katze so große Augen macht

Die Größe ihrer Augen befähigt die Katze zu einer Art Rundumblick, das heißt, sie kann geradeaus blickend nach rechts und links bis hin-ter ihren Ohren alles sehen, was sich bewegt. Um allerdings zu erkennen, ob es ein vom Winde verwehtes Blatt oder eine Maus ist, muß sie ihren Kopf wenden und die Augen scharf einstellen. Als Jägerin interessiert sie nur das Bewegliche, das Unbewegliche übersieht sie. So nimmt sie in dem Bereich mit ihrer besten Tiefen-schärfe (zwischen 2 und 6 m) sogar die krabbelnde Ameise wahr, während ihr eine sich tot stellende Maus möglicherweise glatt ent-gehen würde.

Daß Katzen in der Nacht fast genauso gut sehen können wie am Tag, ist nahezu eine Binsenweisheit. Ihre Augen sind für eine höhere Lichtempfindlichkeit eingerichtet (ein Sechstel der Lichtstärke, die der Mensch benötigt) und verfügen zudem über einen Mechanis-mus, den der Mensch für den Fotoapparat erst mühselig erfinden mußte. So können die Pupillen bei Dunkelheit ganz groß werden und ein Maximum an Licht sammeln. Je heller es wird, desto mehr verengen sie sich, bis das Licht nur mehr durch zwei kleine Öffnun-gen oben und unten in das Auge gelangt.

Katzenaugen, die in der Dunkelheit von Licht getroffen werden, leuchten wie Lampen auf. Dies bewirkt eine Reflexschicht im Augenhintergrund ($\rightarrow$ *Tapetum Lucidum,* Katzenwissen von A – Z, Seite 110). Sie verstärkt die Wirkung des einfallenden Lichts, so daß die Katze auch dann noch sehen kann, wenn wir die Hand vor den Augen nicht mehr erkennen.

Hören – woran die Katze die Mäuse erkennt

»Man muß das Ohr einer Katze haben, um die Stimmen der Ameise und des Marienkäfers unterscheiden zu können«, schwärmte ein Dichter. Tatsächlich nehmen Katzen Bereiche wahr, von dem unser Hörvermögen nicht einmal zu träumen wagt. Oder können Sie sich vorstellen, das Piepsen zarter Mäusestimmen, das Trappeln winziger Mäusefüße oder das Nagen feiner Mäusezähnchen aus dem Kon-zert aller anderen Sie umgebenden Geräusche herauszukennen? Technisch ausgedrückt sind Katzenohren große bewegliche Schall-trichter, die unabhängig voneinander auf jedes Geräusch gerichtet werden können. Sie sind imstande, in Frequenzbereichen bis zu 65 kHz zu hören, Menschen nur bis zu 20 kHz.

Tasten – wie die Katze sogar im Stockfinstern »sieht«

Es heißt, daß Katzen, würde man ihnen die Schnurrhaare abschnei-den, nicht mehr durch ein Loch hindurchschlüpfen könnten. Sie messen nämlich mit diesen sensiblen Fühlern die Breite der Öffnun-gen ab und wissen so, daß sie nicht steckenbleiben. Die Schnurr-

---

Sich in die Augen starren ist bei Katzen ein Zeichen von Aggression. Bevor Kater sich kämpfend aufeinanderstürzen, verharren sie minutenlang vorein-ander und lassen sich nicht aus den Augen. Deswegen blin-zelt eine Katze oder wendet sich ab, wenn man ihr zu direkt in die Augen sieht, da ihr in dem Moment gar nicht nach feindlicher Annäherung zumute ist.

haare sind ihr Leitsystem, das sie in der Dunkelheit um jedes Hindernis herumführt und ihnen den Körperumriß ihrer Beute signalisiert, damit sie den Tötungsbiß richtig ansetzen können. *Vibrissae,* wie der Fachausdruck heißt, sitzen auch noch über den Augen, am Kinn und an der Rückseite der Vorderbeine.

Riechen – wie sich die Katze mit der Nase ein »Bild« macht

Vielleicht haben Sie schon einmal folgende Szene beobachtet: Ihre Katze streift gemütlich durch den Garten. Plötzlich bleibt sie stehen und zieht ein »dummes« und gleichzeitig angeekeltes Gesicht. Dabei streckt sie den Kopf vor, öffnet das Maul und zieht die Oberlippe zurück. Vielleicht ist ihr gerade der Geruch von Katzenminze in die Nase gestiegen oder, wenn Ihre Katze ein Kater ist, der verlockende Duft einer rolligen Katzendame. Das Fachwort für diesen Ausdruck heißt Flehmen, eine Art Riech-Schmecken, zu dem die Katze durch ein zusätzliches Organ befähigt wird, das Jacobsonsche Organ. Es leitet an das Gehirn die Geruchs-Nachricht weiter, worauf von dort aus die Reaktion der Katze gesteuert wird. Die ist im Falle der Katzenminze ein ekstatischer Zustand, ein regelrechter Wonnetaumel (→ Katzenwissen von A bis Z, Seite 106).

Wo wir uns auf unsere Augen verlassen, setzt die Katze ihre Nase ein. Mit dem Geruchssinn macht sie sich sozusagen ein »Bild« von jeder neuen Person, jeder fremden Katze, jedem Möbel oder sonstigem Gegenstand und natürlich auch von ihrer Nahrung. Neugeborene Kätzchen, die ja noch blind und taub sind, können das Nest oder die einmal gewählte Zitze erschnuppern.

Die erste Kontaktaufnahme zwischen zwei Katzen geschieht von Nase zu Nase. Danach wenden sie sich dem Analbereich zu. Durch Reiben mit dem Köpfchen, Kinn und Schwanz, wo Duftdrüsen sitzen, hinterlassen Katzen an Gegenständen ihre persönlichen »Nachrichten«, die von anderen Katzen »gelesen« werden. Während diese Duftmarken dem Menschen nicht in die Nase steigen, tut es der von unkastrierten Katern verspritzte Urin umso unangenehmer. Das kann aber auch Ihrer Mieze passieren, die sich freundlich mit der Nase Ihrem Gesicht entgegenstreckt und angewidert zurückfährt, weil Sie ein neues Rasierwasser ausprobiert haben.

Schmecken – warum die Katze nascht

Das soll bei der Katze nicht so ausgebildet sein, jedenfalls nicht in der uns Menschen geläufigen Variationsbreite. So beharren sie auf einem bestimmten Futter wahrscheinlich weniger wegen des Geschmacks als aus Gewohnheit und weil ihnen der Geruch besser gefällt. Allerdings hat man in Versuchen festgestellt, daß sie salzig von nicht salzig unterscheiden können. Für Süßes haben sie keinen besonderen Sinn. Die Sahnetorte wird also bestimmt nicht deswegen vom Tisch genascht, weil die Katze ein Süßmäulchen ist.

Das Geschmacksorgan ist die Zunge. Beim Milch- oder Wasserschlabbern kann sie wie ein Löffelchen geformt werden und so die Flüssigkeit ins Maul befördern. Außerdem ist sie der »Waschlappen«, mit dem die Katze ihr Fell von Staub und Schmutz befreit. Dabei wird der reinigende Effekt durch die *Papillae filiformes,* nach rückwärts gebogene Hornzähnchen auf der Zungenmitte, verstärkt. Deswegen fühlt sich die Katzenzunge wie Sandpapier an.

Die Sache mit dem Gleichgewicht

»Der fällt wie eine Katze immer auf die Füße«, heißt eine Redensart. Eine bewundernswerte Eigenschaft, die die Katze vielen anderen Tieren voraushat. Dafür ist das Gleichgewichtsorgan im Innenohr zuständig, das dem Gehirn alle wichtigen Informationen meldet. Dieses sorgt dann für die Einnahme der richtigen Position, aber auch für eine blitzschnelle Korrektur, zum Beispiel, wenn die Katze rückwärts abstürzt. Jetzt lautet die Meldung: Normallage einnehmen, das heißt, die Katze dreht im freien Fall, den Schwanz als Steuer und Bremse benutzend, zuerst den Vorderkörper, dann das Hinterteil, krümmt den Rücken, um den Aufprall abzuschwächen, und landet auf allen vieren.

Katzensprache – ein Zusammenspiel aus Körper- und Lautsprache

Die Katze tut, was sie tut. Eine lapidare Feststellung, die den Nagel auf den Kopf trifft, wenn man seiner Katze so zuschaut. Doch hin und wieder ist man als Menschenpartner ziemlich ratlos, weil man wieder einmal nicht verstanden hat, warum die Katze, die eben noch ein schmiegsames Fellbündel war, sich plötzlich in ein wütendes Raubtier verwandelt. Denn ihr Tun ist ihre Sprache. Mit dem Körper drückt sie aus, wofür wir Worte brauchen. Dazu gibt sie Töne von sich, die die jeweilige Stimmung in Laute kleidet.

Während ich diesen Abschnitt schrieb, geschah folgendes: Matilda sprang leise miauend auf meinen Schoß, schmiegte sich besitzergreifend an mich und fing zu schnurren an. Es klang fast so, als wollte sie sagen: Meine Liebe, wenn du das nicht verstehst, bist du ziemlich dumm.

Mit folgenden Beschreibungen möchte ich versuchen, Ihren Blick für die Katzensprache zu schärfen, damit Sie in Zukunft immer verstehen, was Ihre Katze Ihnen sagen will.

Wohlbefinden

Mit freundlich entspanntem Ausdruck sitzt die Katze da. Die Ohren hat sie nach vorn und leicht nach außen gerichtet, die Schnurrhaare stehen seitwärts und sind wenig gefächert. Die Augen blicken ruhig und blinzeln je nach Helligkeit. Oder sie kommt einem miauend entgegen und begrüßt einen mit hoch aufgerichtetem Schwanz und erhobenem Kopf. Wenn Sie sich dann in Ihren Sessel setzen, springt sie sofort auf Ihren Schoß, schiebt und drückt so lange, bis Ihre Beine und Ihr Bauch die Lage eingenommen haben, die für sie bequem ist, und fängt zu schnurren an. Ein Inbegriff der Behaglichkeit und des Wohlbefindens, dessen therapeutischer Wirkung sich kaum jemand entziehen kann.

Aufmerksamkeit

Dem Blick einer Katze sieht man nicht an, daß sie gespannt ist. Er ist großäugig und zeigt keinerlei Gefühlsausdruck. Dafür sind die Ohren gespitzt und direkt nach vorn gedreht. Die Schnurrhaare sind ebenfalls nach vorwärts gerichtet und breit gefächert. Obwohl sich die Katze noch ganz ruhig verhält, wirkt ihr Körper voller Spannung, was sich allerdings nur in der Schwanzspitze bemerkbar macht. Sie zuckt ganz leicht hin und her.

Zu Unrecht wird der Katzenbuckel als Ergebenheitsgebärde bezeichnet, die als Katz- oder Krummbuckeln in unseren Sprachgebrauch eingegangen ist. Denn in der Körpersprache der Katze signalisiert der Buckel Abwehr und den Befehl: Laß mich in Ruhe! Wenn eine Katze vor einem Hund, von dem sie sich bedroht fühlt, einen Buckel zieht, sich aber gleichzeitig auf ganz ausgestreckten Beinen aufrichtet, verbindet sie zwei Elemente ihrer Körpersprache, Angriff und Abwehr.

Fallen. Die Fähigkeit der Katze, immer auf allen vieren zu landen, ist sprichwörtlich. Die Bilder zeigen, wie sie es macht.
In Phase 1 dreht sie das Vorderteil mit angezogenen Vorderbeinen gegen das Hinterteil mit ausgestreckten Hinterbeinen. In Phase 2 macht sie genau die gegenläufige Bewegung mit angezogenen Hinterbeinen und ausgestreckten Vorderbeinen. In Phase 3 krümmt sie den Rücken, um den Aufprall abzuschwächen, und in Phase 4 landet sie elastisch auf dem Boden. Deutlich ist der rudernde Schwanz als Steuerungshilfe zu erkennen.
Diesen sogenannten Stellreflex lernt die Katze etwa ab der 7. Lebenswoche.

Abwehr

Die Zeichen der Abwehr sind subtil, und wer sie nicht richtig deutet, dem bleiben schmerzhafte Mißverständnisse nicht erspart. Mieze sitzt auf der Heizung mit zierlich nebeneinandergestellten Vorderpfoten, den Schwanz manierlich darübergelegt. Lieb, denken Sie und wollen ihr einen Kuß auf die Nase geben. Dabei übersehen Sie, daß sich die Ohren seitlich wegklappen, die Pupillen ganz groß werden und die Katze mit zurückgelegten Schnurrhaaren Zurückhaltung signalisiert. Da Sie nichts verstehen, geht sie zur Verteidigung über und beißt Sie entweder in die Nase oder fährt Ihnen mit der Krallenpfote ins Gesicht.

Zwischen zwei Katzen klappt die Verständigung natürlich besser. Wenn Nina auf Matildas Annäherungsversuche nicht eingehen will, bleibt sie in den Hinterbeinen leicht eingeknickt mit gesenktem Kopf stehen, macht womöglich einen Katzenbuckel und bewegt ihren Schwanz ruckartig hin und her. Ihr anfängliches Knurren geht in Fauchen über, und falls Matilda sich davon nicht beeindrucken läßt, gibt sie auch noch furchterregende Spucklaute von sich.

Angriff

Matildas spielerische Aufforderung zur Balgerei geschieht mehr oder weniger immer auf dieselbe Art. Mit hochaufgerichteten Beinen baut sie sich vor Nina auf, dreht die Ohren angriffslustig nach hinten, hat breit gefächerte Schnurrhaare und verengte Pupillen. Der Schwanz ist kurz hinter der Wurzel hakenförmig abgebogen, und seine Haare sind gesträubt, so daß er wie eine Flaschenbürste aussieht. Sie duckt sich im rechten Winkel vor Nina hin, ohne sie aus den Augen zu lassen, und wirft sich dann auf sie. Damit sie Nina nicht am Nacken zu fassen kriegt, rollt sich diese blitzschnell auf den Rücken und pariert mit Zähnen und Krallen. Wenn Kater kämpfen, pflegen sie sich vorher minutenlang anzustarren. Jaulend und miauend stehen sie bewegungslos da, nur die Schwanzspitzen zucken immer erregter hin und her. So ein Kampf endet oft mit blutigen Bißwunden und ausgefransten Ohren.

Einer Katze, die sich mit weitgeöffneten Pupillen und seitlich weggeklappten Ohren duckt, sollte man sich tunlichst nicht mit der Hand nähern. Wenn sich ihr auch noch die Haare sträuben, der Schwanz hin und her peitscht und sie furchterregend faucht und spuckt, wird sie mit ausgefahrenen Krallen demnächst blitzschnell zuschlagen.

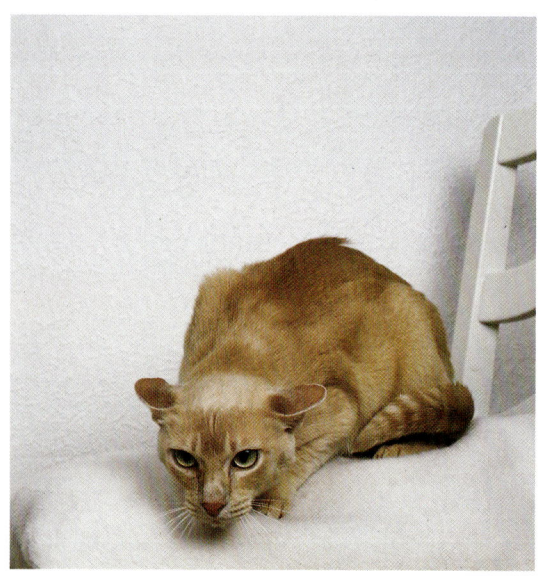
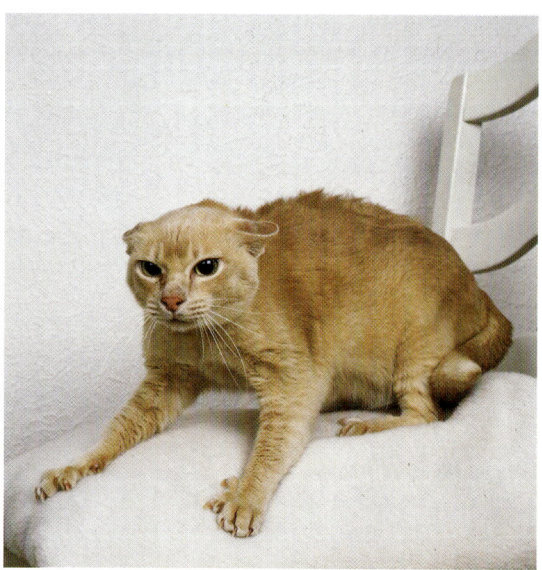

Angst

Angst geht schnell in Abwehr über. Das sollte Ihnen klar sein, wenn Sie zum Beispiel eine zugelaufene Katze anfassen wollen. Einer ängstlichen Katze sträuben sich die Haare, sie zieht einen Katzenbuckel, der Schwanz peitscht hin und her, die Ohren liegen seitwärts am Kopf an, die Pupillen sind riesengroß, und womöglich stößt sie ein lautes Kreischen aus. Reden Sie lieber nur beruhigend auf sie ein und ziehen Sie Ihre Hände zurück, wollen Sie sich nicht ein paar blutige Kratzer einhandeln.

Katzenwortschatz

Hier gibt es sowohl Wörter nur für die Katz-zu-Katz-Verständigung, als auch solche, die der Katz-zu-Mensch-Beziehung dienen.

Katz-zu-Katz-Verständigung

• das langgezogene an- und abschwellende Heulen, der sogenannte Katergesang; er wird als Drohung vor einem Kampf ausgestoßen und ist auf keinen Fall ein »Liebeslied«;
• das Kreischen in den höchsten Tönen, wenn der Gegner sich als stärker erweist und der Unterlegene sich seiner Haut wehren muß.

Katz-zu-Katz-und-Mensch-Verständigung

• das Schnurren, Zeichen des Wohlbehagens, aber auch der Angst, wenn sie Schmerzen hat und bevor sie stirbt, sozusagen, um sich selbst zu beruhigen;
• das Miauen, das in allen Tonlagen und Abstufungen erklingt, zum Beispiel wenn sich ein kleines Kätzchen verlassen fühlt oder eine erwachsene Katze unzufrieden ist;
• das Gurren, eine Art Plaudersprache in vielen Variationen, die Katzen zu allen möglichen Lebenslagen parat haben. Der verliebte Kater lockt damit die rollige Katze und umgekehrt;
• das Fauchen, Spucken, Knurren hält Gegner fern.

Sozusagen an niemanden gerichtet erklingt das Schnattern, das Katzen ausstoßen, wenn sie durchs Fenster blicken und einen Vogel entdecken, der für sie unerreichbar bleibt. Dann fangen sie zu meckern an und klappern regelrecht mit den Zähnen.

Königin in ihrem Revier

Die Auffassung von der Katze als Einzelgängerin verleitet dazu, sie als ein Wesen zu betrachten, das außer zur Paarung sich allen anderen Artgenossen gegenüber feindlich verhält. Besser gefällt mir das Bild von der Katze, die ihre eigenen Wege geht, das heißt, die sich auf keinen Fall unterordnet. Ihr ausgeprägter Individualismus hindert sie indessen nicht daran, Kontakte zu pflegen, aber eben auf ihre diskrete kätzische Art.

Das Heim erster Ordnung

Dieser von den Verhaltensforschern geprägte Begriff bezeichnet den Ort, den die Katze im eigentlichen Sinn bewohnt (→ Reviereroberung, Seite 30). Lebt sie zusammen mit Ihnen in einer Wohnung, dann wird sie sich in diesem Heim sehr sicher und selbstverständlich bewegen. Den befreundeten Menschen wird das Mitwohnen sozusagen gutwillig gestattet. Mieze hat dort mehrere bequeme Ruheplätze, die sie sich, wenn sie einen Garten zur Verfügung hat, auch dort sucht. Es stört sie nicht, das Heim auch mit anderen Katzen zu teilen, aber nur, wenn Platz genug ist, sich je nach Stimmung aus dem Weg zu gehen und behaglich zurückziehen zu können.

Bei katzennärrischen Freunden, die es nach und nach zu fünf Katzen gebracht haben, konnte ich beobachten, was es mit der Rangfolge auf sich hat. Paula, die Seniorin, beanspruchte den besten Schlafplatz. Manchmal legte sich auch eine der anderen Katzen dorthin. Paula schien das nichts auszumachen, zumal die andere oft freiwillig das Feld räumte. Im übrigen kamen die Katzen gut miteinander aus, da jede ihren eigenen Platz hatte, der von den anderen respektiert wurde.

Zwischen meinen beiden Katzen gibt es überhaupt keine Rangordnung. Sie liegen oft beieinander, putzen sich gegenseitig, spielen, jagen und balgen sich, fressen aus derselben Schüssel und »besetzen« einträchtig ihre Menschen.

Der weitere Bereich

Die Sache mit dem Territorium ist schon etwas schwieriger. Angenommen, Ihre Katze ist ein Neuling und hat Auslauf in den Garten. Vielleicht wurde dieser bereits von einer Katze aus der Nachbarschaft in Besitz genommen. Dann wird es demnächst zu einer Auseinandersetzung kommen, denn Ihre Katze hat schnell heraus, daß der Bereich, in dem ihr Mensch wohnt, auch zu ihrem »persönlichen Eigentum« gehört. Das muß sie sich allerdings erst erkämpfen.

Außerhalb des Gartens betritt sie fremdes Territorium, vielleicht aber auch nur Niemandsland, also das Gebiet dazwischen. Katzen haben ihre Pfade, die sie auf ihren Streifzügen in ihrem Revier benutzen. Sie werden auch von anderen Katzen benutzt, aber möglichst nicht zur gleichen Zeit. Sich persönlich zu begegnen wird nicht geschätzt. Möglicherweise haben Sie auf einem Spaziergang schon einmal so

Spiel mit der Beute. Was dem Menschen grausam erscheint, ist für die Katze eine Notwendigkeit. Sie baut damit die Hemmung vor dem Tötungsbiß ab.

eine Szene beobachten können. Katze Nummer eins war Ihnen aufgefallen, weil sie immer wieder in einiger Entfernung auf der Wiese auftauchte und mit gespitzten Ohren aus dem hohen Gras hervorschaute. Inzwischen sind Sie am Waldrand angelangt und haben sich unter einem Baum niedergelassen. Plötzlich löst Katze Nummer zwei sich aus dem Waldesdämmer und trödelt nun den Weg entlang. Auf einmal entdeckt sie ein paar Meter entfernt Katze Nummer eins. Sie setzt sich, die andere auch. Höflich warten sie. Worauf? Daß eine von beiden sich entschließt, den Weg fortzusetzen. Aber dann müßten sie aneinander vorbeigehen. Lieber trollen sie sich in entgegengesetzten Richtungen.

Vom Umgang mit Eindringlingen
Im Prinzip hat auch bei Katzen immer der das Sagen, der ein Revier als seines markiert hat. Kater herrschen zwar oft über ein Gebiet, das zehnmal so groß ist wie das einer Kätzin, dafür sind sie aber toleranter gegenüber Eindringlingen.
Vielleicht gilt das ja nur für deutsche Katzen. Italienische zeigen da weit weniger »Gastfreundschaft«. Jedenfalls bekommen meine beiden Katzen seit letztem Jahr sozusagen kein Bein mehr auf die Piazza. Inzwischen ist nämlich der Nachbarkater zum despotischen Herrscher über sein Revier herangewachsen und hat Nina und Matilda das Fürchten gelehrt. Sie brauchen bloß ihre Nase über die Schwelle zu strecken, schon schießt Pucci wie ein wütender Derwisch herbei und bearbeitet sie mit seinen Krallen. Da Pucci Hausrecht hat, dazu ein bösartiger Kater ist, setzt er sich natürlich durch. Wären die meinen weniger »zartbesaitet«, gäbe es sicherlich heftigere Kämpfe.

»Beuteneid«. Gern schnappt eine Katze der anderen die Beute vor der Nase weg. Jungen Katzen wird das Mäusefangen von der Mutter beigebracht. Diese schleppt die Maus herbei, und die Jungen müssen lernen, sie ihr abzunehmen.

Katzensprache

Die Katze hat ein reichhaltiges Vokabular an Ausdrucksformen. Mit Ohren, Augen und Schnurrhaaren signalisiert sie ihre jeweilige Stimmungslage. Miaut, faucht oder schnurrt sie dazu, weiß man genau, wie ihr gerade zumute ist. Zu den Ausdrucksmitteln der Katze gehören auch der Körper, der Schwanz und die Haare. Trägt sie ihren Schwanz zum Beispiel hoch erhoben und oben leicht eingerollt, ist das ein Zeichen von Zufriedenheit und Wohlbefinden.

Schrei nach Futter.

Betteln um Futter.

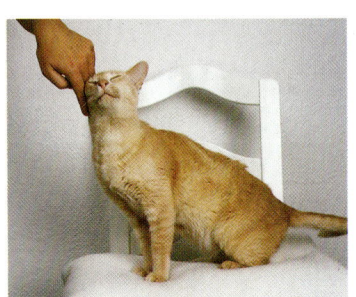

Köpfchen geben.

Aufforderung zum Spiel.

Ängstliche Zurückhaltung.

Zum Angriff bereit.

Spielpfote.

Ärgerliche Abwehr.

Schlechtes Befinden.

Freundlich gestimmt.

Katzenversammlung

Auch hierin wird die Auffassung von der eigenbrötlerischen Katze widerlegt. So benimmt sie sich offensichtlich nur, wenn sie mit Ihnen als Hausgenosse die Wohnung teilt; halbwilde Katzen hingegen scheinen überaus gesellig zu sein. Man weiß von den Katzenhorden, die das Kolosseum in Rom und die Friedhöfe in Paris bevölkern, und man hat festgestellt, daß in solchen Katzengemeinschaften die Weibchen sich gegenseitig Hebammendienste leisten und gemeinsam ihre Jungen säugen und aufziehen.

Aber auch die Hauskatze mit Auslauf hat ihre Geheimnisse. Denn bei Nacht begibt sie sich, wenn sie dazu die Gelegenheit hat, zu heimlichen Treffpunkten. »Die Tiere sitzen dicht beieinander«, schreibt der Katzenverhaltensforscher *Paul Leyhausen, dem diese Entdeckung gelungen ist. »In 2 bis 5 Meter Abstand, manche sogar auf ›Fellfühlung‹; manche lecken und reiben einander. Sie geben nur wenige Laute von sich, selten hört man ein unterdrücktes Fauchen oder Grollen, sieht ein zurückgelegtes Ohr, wenn ein Tier einem anderen allzu nahe auf den Pelz rückt, aber sonst sind die Gesichter still und friedlich, ja sogar ausgesprochen freundlich.« Wenn dann ein paar Stunden vergangen sind, manchmal auch die ganze Nacht, löst sich die Versammlung wieder auf.

Kater unter sich

Am interessantesten ist wohl die »Bruderschaft der Kater«, ein Begriff, den ebenfalls Leyhausen geprägt hat. Gemeint ist damit die formale Rangordnung, die in einem Gebiet unter Katern herrscht. Junge Kater genießen in dieser Bruderschaft bis zu einem gewissen Alter eine Art Schonfrist. Sie werden aufgenommen, ja mitunter regelrecht abgeholt, aber in keinerlei Kämpfe verwickelt. Es ist, als gebe man ihnen Zeit, sich an die Unbilden eines Katerlebens zu gewöhnen.

Bei meinem Hauskater Morellino konnte ich das recht genau beobachten. Als Münchner Wohnungskatze war es ihm nur in Italien vergönnt, auf andere Kater zu treffen. Sie saßen in der Dämmerung im Halbkreis auf der Piazza und lockten ihn mit sanft gurrenden Lauten. Verspielt zottelte er auf sie zu und begrüßte jeden mit Nasenkontakt. Je nach Temperament zogen sie nur den Kopf zurück oder erhoben die Pfoten, ohne jedoch nach ihm zu tatzeln. Eines Abends verschwand er mit ihnen und ließ sich drei Tage nicht mehr sehen. Als er wiederkam, sah er glänzend und wohlgenährt aus, und kein Härchen war ihm gekrümmt.

Zum Bild:
Katze auf Vogelhäuschen. Selbstverständlich muß dieser Platz für Katzen unerreichbar sein. Stellen Sie das Vogelhäuschen nicht in die Nähe von Bäumen und Büschen, und machen Sie es zum Beispiel mit leeren Flaschen, die Sie um den Pflock befestigen, unerklimmbar.

Katzenwissen von A bis Z

Was hat die Katze mit Geld zu tun? Sind Harlekinkatzen besonders lustig? Ist eine Geisterzeichnung das Kunstprodukt eines Gespensts? Dem Geheimnis dieser Fragen werden Sie auf die Spur kommen, wenn Sie sich in unser kleines Lexikon vertiefen. Viele interessante Begriffe haben sich im Lauf der Zeit um die Katze angesammelt, mythologische, geschichtliche und redensartliche, und ihre Erklärungen sind oft überraschend. Hinzu kommt eine Reihe von Fachausdrücken, die im Zusammenleben mit der Katze ihre Bedeutung haben und Ihr Wissen um unser beliebtestes Heimtier erweitern.

A

Aberglaube
Allerlei Aberglaube rankt sich um die Katze. So hält man bei uns vor allem die schwarze Katze für eine Unglücksbringerin, die drei- oder vierfarbige dagegen gilt als glücksbringende Hüterin des Hauses. Auch als Wetterprophetin und Maskottchen, das zum Beispiel auf einem Schiff eine glückliche Seereise gewährleistet, wird die Katze angesehen.

Abessinier Tabby
Bezeichnet die Fellfarbe der Abessinierkatze, bei der jedes einzelne Haar gebändert ist, mit Ausnahme der Haare am Unterbauch. Muster, Streifen oder dunkle Flecken (→ Tabby) dürfen nicht vorkommen, das gilt (im → Standard) als Fehler.

Abstammung
Als Ahnen unserer Hauskatze gelten in erster Linie die → Afrikanische Falbkatze (Felis silvestris libyca) und die → Europäische Wildkatze (Felis silvestris).

Abzeichen
So werden die dunklen Gesichtsmasken, Ohren, Pfoten und Schwänze bezeichnet, zum Beispiel bei der Siam-, Colourpoint- und Birmakatze. Abzeichen sind stets dunkler als die Grundfarbe des übrigen Fells (→ auch Points).

Adrenalin
Dieses Hormon des Nebennierenmarks wird bei Angst und Schreck ausgeschüttet. Die Pupillen öffnen sich weit, und die Katze droht mit Abwehr.

Afrikanische Falbkatze
(Felis silvestris libyca)
Sie ist in Nordafrika beheimatet. Als dort die Ägypter ihre Getreidevorräte in riesigen Kornspeichern anlegten und es von Ratten und Mäusen nur so wimmelte, zog es die Falbkatze in die immer fetten Jagdgründe und damit in die Nähe der Menschen (→ Seite 9). Die Falbkatze ist schlank und zierlich, hat große Ohren und einen langen Schwanz und gilt als Vorfahr unserer Hauskatzen.

Afterkralle
Sie ist die fünfte Kralle an der Innenseite der Vorderpfoten und wird auch als »Daumen« bezeichnet.

Aggressivität
Sie kann aus Langeweile entstehen, wenn Wohnungskatzen zu wenig Ausgleich für ihren Jagdtrieb finden (Abhilfe → Seite 41). Auch nach einem Schock reagieren Katzen manchmal übererregt und können sogar ihren Besitzer angreifen; Hilfe finden Sie dann beim Tierarzt.

Agouti
Fachausdruck für Wildfarben, eine sehr häufig vorkommende Fellfarbe, die bei Wild-, Haus- und Rassekatzen auftritt. Die Färbung entsteht durch die zwei- bis dreifache Hell-Dunkel-Bänderung jedes einzelnen Haares, wobei die Haarspitze immer dunkel ist. Sie wird auch → Ticking genannt.

Ailurophilie/-phobie
Von griech. ailuros = Katze. Die Wörter wurden davon abgeleitet und bedeuten Katzenliebe beziehungsweise Katzenangst.

Albino

Albino-Katzen haben nur geringe oder gar keine Farbpigmente und deswegen ein schneeweißes Fell, blaßrosa Haut und hellblaue Augen mit roter Pupille. Albinos sind häufig taub.

Allergie

Menschen können allergisch gegen Katzenhaare reagieren. Doch nicht an jeder plötzlich auftretenden Allergie muß die Katze schuld sein. Nur ein ärztlicher Test kann zuverlässig die Ursache bestimmen.

Amerikanische Kurzhaarkatze (American Shorthair)

Die Urahnin soll 1620 mit der Mayflower nach Amerika gekommen sein. Diese Rasse ähnelt der europäischen Hauskatze. Es sind kräftige, muskulöse Tiere mit vollem Gesicht und prächtigem Schnurrbart.

Angorakatze

So werden im Volksmund alle Katzen mit langen Haaren bezeichnet. Indessen ist die Türkisch Angora (→ Seite 122) eine der ältesten ursprünglichen Rassen. Die langhaarigen Katzenschönheiten haben ihren Namen von der türkischen Stadt Ankara, die seinerzeit auf griechisch Angora hieß.

B

Babyfell

Junge Katzen haben ein dichtes, weiches Fellchen, das oft noch nicht die spätere, bei Rassekatzen vom Standard geforderte Zeichnung und Farbe aufweist. Das ist wichtig beim Kauf eines Rassekatzenbabys. Markante Beispiele zeigen die Fotos auf Seite 116 bis 137, auf denen erwachsene Rassekatzen und das Katzenbaby der entsprechenden Rasse gegenübergestellt sind.
Auch das je nach Rasse glatte, glänzende oder lange, seidige Fell ist erst bei erwachsenen Katzen voll entwickelt.

Bahnfahrt

Katzen dürfen die Bundesbahn kostenlos benutzen, wenn sie sich in einem geschlossenen Korb oder Behälter befinden. Es versteht sich von selbst, daß die Katze im Abteil mitfährt und nicht im Gepäckwagen, wo sie sich zu Tode fürchtet.

Baldrian

Wirkt auf Katzen wie Haschisch auf Menschen. Sie geraten regelrecht in Ekstase, wenn sie es zu riechen oder zu schmecken bekommen (→ Katzenminze).

Begegnung

Wenn zwei Katzen sich in einem fremden Raum begegnen, erkunden sie zuerst die Umgebung. Danach begrüßen sie sich mit Nasen- und Analkontakt, wobei jede Katze versucht, die andere als erste abzuschnuppern. Wem das gelingt, der tritt die »Herrschaft« an.

Begrüßung

Von Katz-zu-Katz erfolgt sie über die Nase. Begrüßt die Katze »ihren« Menschen, streicht sie ihm um die Beine, stupst ihn an und gibt ihm ausgiebig → Köpfchen.

Beutefang

Junge Katzen lernen ihn von der Mutter. Sie bringt ihnen bei, wie man die Maus mit den Zähnen am Genick packt, und zeigt den Todesbiß.

Bezoare

Sind Haarballen, die im Magen entstehen, wenn die Katze beim Putzen zu viele Haare verschluckt hat. Normalerweise bricht das Tier sie wieder aus. Wenn ihr das aber nicht gelingt, blockieren die Haarballen die Därme, und es kommt zu Verstopfung, Appetitlosigkeit, Mattigkeit und häufigem Erbrechen. In leichteren Fällen hilft ein halber Teelöffel Paraffin- oder Olivenöl. Wenn keine Besserung eintritt, zum Tierarzt gehen.

Blaue Augen

Alle jungen Kätzchen haben sie. Bei erwachsenen Katzen sind sie Rassemerkmal, zum Beispiel bei Siam und Birma (→ Seite 131 und 126). Blauäugige – vor allem weiße – Katzen sind oft taub (→ Erbkrankheit).

Blinzeln

Ist ein Zeichen von friedlicher Stimmung.

Bobtail

→ Japanische Stummelschwanzkatze

Bombaykatze (Black Bombay)
Amerikanische Rasse, die aus der Kreuzung zwischen einer Burma und einer schwarzen Amerikanischen Kurzhaarkatze hervorging. Wegen ihres schwarzen Fells und ihrer Kupferaugen nennt man sie auch »Mini-Panther«.

Brutpflegetrieb
So heißt Mutterliebe im Tierreich in der Fachsprache. Katzen gelten als ganz besonders gute Mütter, die ihre Jungen gegen den stärksten Angreifer verteidigen.

C

CAC Certificat d'Aptitude au Championat
Anwartschaft auf den Titel → Champion. → Qualifikation.

Carnivoren
Das lateinische Wort für alle Raubtiere, zu denen auch unsere Hauskatze gehört. Alfred Brehm nannte die Katze das vollkommenste Raubtier überhaupt.

Catnip
→ Katzenminze

Champion
Als Champion wird eine Katze ausgezeichnet, die auf mindestens drei Ausstellungen die Beste ihrer Rasse und Klasse war.

Chinchilla
Nur bei Perserkatzen kommt dieser Farbschlag vor, ein weißes Fell, das seinen aschgrauen Schimmer durch die schwarzen Haarspitzen bekommt, das → Tipping. Besonders reizvoll sehen diese Katzen durch ihre smaragd- bis blaugrünen »Märchenaugen« aus, die mit einem »Lidstrich« schwarz umrahmt sind.

D

Deckakt
Die Paarung zwischen Kater und Kätzin dauert meistens nur ein paar Sekunden. Dabei bestimmt sie, wann es soweit ist (→ Seite 75).

Deckhaare
So heißen die langen Leithaare und die kürzeren, geschmeidigen Grannenhaare im Katzenfell.

Domestikation
So nennt man den sich über viele Tiergenerationen hinziehenden Prozeß, währenddessen aus einem Wildtier ein Haustier wird.

Drohen
Bevor eine Katze kratzt oder beißt, kündigt sie es durch Drohen an. Die Pupillen sind zu einem schmalen Schlitz zusammengezogen, die Ohren sind steil aufgestellt und etwas nach außen gedreht, der Schwanz peitscht hin und her. Ein Katergegner wird mit seitlich gestelltem Körper drohend angestarrt – eine freundliche Katze schaut einem nicht in die Augen –, dazu ertönt der an- und abschwellende → Katergesang.

Duftmarken
Kater setzen sie an Bäume, Sträucher, Mauern oder Möbel, um ihr Revier zu markieren. Dabei stellen sie sich mit dem Hinterteil vor den Gegenstand und besprühen ihn mit einem feinen Urinstrahl. Rollige Katzen setzen ebenfalls Duftmarken, um den Liebespartner anzulocken. Was Katzen angenehm in der Nase riecht, ist für uns Menschen ziemlich unerträglich. Kastrierte Katzen markieren weit weniger mit Urin. Die Markierungen, die Katzen mit Pfoten und Kinn (→ Seite 35) setzen, sind für die menschliche Nase nicht wahrnehmbar.

E

Einschläfern
Wenn eine Katze alt und/oder schwerkrank ist und keine Aussicht auf Heilung besteht, sollte man sie von ihren Schmerzen durch eine einschläfernde Spritze erlösen, die nur der Tierarzt geben kann (→ Seite 43).

Einstreu
In ihrer Toilette möchte die Katze gern scharren. Vielerlei kann als Einstreu herhalten, Sand, Torf, Sägespäne, auch Zeitungspapierschnitzel. Am praktischsten, da sie den Geruch gut bindet, ist Fertigstreu aus dem Zoofachhandel. Besonders umweltfreundlich ist die biologische Katzenstreu, weil sie auf den Komposthafen geschüttet werden kann (→ Seite 26 und 27).

Einzelgänger
Ihr Hauskatzendasein teilt Mieze sehr gern mit ihrem Menschen, aber auch mit anderen Katzen. Man könnte sagen, sie ist ein Einzelgänger, weil sie kein Rudeltier ist.

Entwöhnung

Die Umstellung von Muttermilch auf feste Nahrung nimmt die Mutterkatze ganz allein vor. Sie können ihr jedoch dabei behilflich sein, indem Sie den Jungen erstmals im Alter von drei bis vier Wochen kleine Mengen Hackfleisch, gekochten Fisch ohne Gräten oder Babyfertignahrung zufüttern.

Erbkrankheit

Sie wird über die Erbanlagen an die Nachkommenschaft weitergegeben, zum Beispiel die in Verbindung mit blauen Augen auftretende Anlage zur Taubheit bei weißen Katzen (→ Vererbung).

Erbrechen

Katzen erbrechen öfter mal, zum Beispiel wenn sie zu rasch gefressen haben. Auch die beim Putzen geschluckten Haare müssen erbrochen werden, sonst bilden sich im Darm Haarballen, die → Bezoare. Grasfressen fördert das Erbrechen der Haarballen. Kommt zum Erbrechen Durchfall, Mattigkeit und Fieber hinzu oder ist Blut im Erbrochenen, muß die Katze sofort zum Tierarzt.

Erkennungskuß

So nennt man das Beschnuppern der Nasen, mit dem sich zwei befreundete Katzen begrüßen. Mit »ihrem« Menschen machen sie es auch, wenn sie sich in Höhe der Nase befinden.

Erleichterungsspiel

Wenn Katzen eine sehr große und gefährliche Beute, zum Beispiel eine Ratte erlegt haben, spielen sie nach der Tötung noch mit ihr und schleudern sie eine Weile herum.

Europäische Wildkatze

(Felis silvestris)
Sie gilt als eine der Stammformen unserer Hauskatze, ist größer und stämmiger als diese und lebt in den kühleren Gebieten Europas und Kleinasiens. In Deutschland gibt es sie im Harz, Hunsrück und in der Eifel. Ihr Fell ist gelblichgrau mit dunklen, silbrigen Streifen, der Schwanz ist lang mit dunklen Ringen und einer schwarzen Spitze. Ab und zu kommt es vor, daß weibliche Hauskatzen sich mit Wildkatern verpaaren. Die Kätzchen tragen dann das Erbgut der Wildkatze in sich.

F

Falbkatze

→ Afrikanische Falbkatze

Falschheit

Sie wird Katzen immer wieder nachgesagt. Von Falschheit kann aber keine Rede sein, Katzen bringen nämlich sehr deutlich zum Ausdruck, wenn sie kratzen oder beißen wollen (→ Seite 90). Wer gekratzt oder gebissen wird, hat seine Katze nicht richtig beobachtet. Nur verhaltensgestörte Katzen sind manchmal unberechenbar. Kleine Kätzchen, die einen kratzen, wissen zwischen Katzenfell und Menschenhaut noch nicht zu unterscheiden.

Fauchen

Katzen fauchen, wenn sie sich bedroht fühlen, und kündigen damit an, daß sie sich verteidigen werden.

Feliden

(lat. *felidae*)
Ist der zoologische Name für die Familie der Katzen. Dazu gehören die Großkatzen *(Pantherini)*, die Luchse *(Lyncinae)*, die Geparde *(Acenonychinae)* und die Kleinkatzen *(Felinae)*.

Felis

Ist der lateinische Name für die Hauskatze.

Fettschwanz

Kann bei allen Katzen vorkommen, bei Langhaarkatzen fällt er besonders auf. Die Drüsen auf der Schwanzoberseite sondern zuviel Fett ab, wodurch der Schwanz schmierig und gelbbraun aussieht. Behandelt wird er mit Puder.

Fieber

Die normale Körpertemperatur der Katze beträgt 38,5 bis 39 °C. Fieber hat eine Katze also erst ab 39,3 °C. Es ist meist Anzeichen einer Infektionskrankheit.

FIFe Fédération Internationale Féline

Dachorganisation einiger europäischer Katzenverbände.

Flehmen

Nennt man einen bestimmten Gesichtsausdruck, den der Kater zum Beispiel beim Geruch einer rolligen Katze macht. Er zieht bei leicht geöffnetem Maul die Mundwinkel zurück und Nase und Oberlippe hoch, was so aussieht, als ekle er sich. Dabei ist eher das Gegenteil der Fall (→ Seite 89), denn er will den ihn erregenden Geruch besonders intensiv wahrnehmen und aufnehmen.

Freier Fall

Katzen drehen sich während des Falls vom Rücken auf den Bauch, wobei sie den Schwanz als Steuer und Bremse benutzen. Diese Drehung geschieht so schnell, daß sie für das menschliche Auge kaum wahrnehmbar ist. Kurz vor der Landung strecken sie alle vier Beine aus und landen sicher auf den Pfoten, vorausgesetzt, sie fallen nicht aus zu großer Höhe, dann ist der Aufprall zu hart, oder aus zu geringer Höhe, dann haben sie keine Zeit, das Wendemanöver durchzuführen. Die Fähigkeit, sich im freien Fall zu drehen, nennt man Stellreflex. Er entwickelt sich erst von der siebten Lebenswoche an.

Freiheitssymbol

Bereits im alten Rom soll die Katze zu Füßen der Freiheitsgöttin Libertas gelegen haben. Auch in der Französischen Revolution galt sie wegen ihrer Unabhängigkeit und Willensfreiheit als Freiheitssymbol.

G

GCCF = Governing Council of the Cat Fancy

Die Dachorganisation der Katzenzüchtervereine Großbritanniens.

Geisterzeichnung

Eine bei einfarbigen Katzen durchscheinende Zeichnung, die bei Zuchtkatzen nicht erwünscht ist.

Geldkatze

Eine im Mittelalter gebräuchliche Bezeichnung für einen Geldbeutel.

Geschlechtsbestimmung

Beim Kater ist der Abstand zwischen After und Geschlechtsöffnung größer als bei der Katze. Die Geschlechtsöffnung selbst ist beim Männchen rund, beim Weibchen länglich.

Geschwindigkeit

Auf kurzen Strecken kann die Hauskatze eine Geschwindigkeit bis zu 48 km/h erreichen. Geparde kommen auf 112 km/h und sind damit die schnellsten Tiere der Welt.

Giftige Zimmerpflanzen

→ Zimmerpflanzen

Gleichgewicht

Katzen sind schwindelfrei und können auf den schmalsten Balustraden balancieren, dennoch sind sie absturzgefährdet. Wenn sie nicht aus zu großer oder zu geringer Höhe fallen, rettet sie ihre Fähigkeit, sich im → freien Fall zu drehen und auf die Pfoten zu fallen.

Glückskatzen

So werden im Volksmund die drei- und vierfarbigen → Schildpattkatzen genannt. Dazu steht in Brehms Tierleben: »Eine dreifarbige Katze schützt das Haus vor Feuer und anderem Unglück, die Menschen vor dem Fieber, sie löscht auch das Feuer, wenn man sie hineinwirft, und heißt deshalb Feuerkatze. Wer sie ertränkt, ist sieben Jahre lang unglücklich.« Das mit dem Hineinwerfen darf man natürlich nicht wörtlich nehmen. In England und Schottland sind es die schwarzen Katzen, in China besonders alte und häßliche Katzen, die Glück bringen.

Grannenhaar

Es bildet zusammen mit den festen, langen → Leithaaren das → Deckhaar des Katzenfells.

Gras

Die Katze braucht Gras, um die beim Putzen verschluckten Haare zu erbrechen, heißt es. Jedenfalls frißt sie es gern. Stellen Sie ihr ein Gefäß mit Katzengras (im Zoofachhandel erhältlich), Zypergras, Sprieskornhafer oder die altbekannte Grünlilie hin, dann vergreift sie sich nicht an Ihren Pflanzen, die für sie oft gefährlich, weil giftig sind.

Gurren

Ist ein Laut in der Katzensprache. Ihre Mieze unterhält sich gurrend mit Ihnen, kündigt mit hellem Gurrlaut an, daß sie auf einen erhöhten Platz springen will, lockt mit Gurrlauten eine verschüchterte Artgenossin aus ihrem Versteck.

H

Haarballen
→ Bezoare

Hängeohr
Ist eine Verkümmerung der Ohrmuschel bei der Scottish Fold (→ Seite 134).

Harlekinkatzen
So nennt man weiße Katzen mit wenigen großen Farbflecken in Schwarz, Rot, Blau und Schildpatt.

Heimfindevermögen
Es gibt einen Test des Zoologischen Instituts der Universität Kiel, bei dem herauskam, daß Katzen bei einer Entfernung von 5 km von ihrem Heim den Weg schnell nach Hause fanden, dagegen bei 12 km nicht mehr. Katzen, die noch Hunderte von Kilometern entfernt wieder nach Hause finden, soll es zwar auch geben, sind aber die Ausnahme.

Hochheben
Heben Sie eine Katze niemals am Nackenfell hoch. Greifen Sie sie mit der einen Hand unter die Brust, mit der anderen unter das Hinterteil. Nur die Katzenmutter weiß, wie sie ihre Jungen richtig am Nackenfell packt, damit diese in die → Tragstarre verfallen.

Homöopathie
Die Gesundheitsvorsorge, Pflege und Heilung mit Naturheilmitteln ohne belastende Nebenwirkungen hilft auch Katzen.

Hybride
So heißt der Fachausdruck für Nachkommen von Zuchtkatzen verschiedener Rassen. Mischling oder Bastard sind die volkstümlicheren Namen.

I

Impfungen
Sie sind eine unbedingt notwendige Gesundheitsvorsorge, da sie die Katzen gegen die meist tödlich verlaufenden Viruserkrankungen Katzenseuche, Katzenschnupfen, Tollwut und Katzenleukose immun machen (→ Seite 61).

Imponiergehabe
Dieser Begriff aus der Verhaltensforschung bezeichnet die Ausdrucksformen, mit der die Katze, vor allem aber der Kater versucht, seinem Gegner zu zeigen, wer der Überlegene ist. Dazu gehören Buckelmachen, Haarsträuben, angelegte Ohren, Seitwärtsstolzieren, um größer zu wirken, oder Krallenschärfen.

Inzucht
Sie wird systematisch betrieben, um bestimmte Rassemerkmale oder Erbanlagen zu verfestigen. Sie sollte aber nur von sehr erfahrenen Züchtern vorgenommen werden, die sich genau in der Erblehre auskennen. Allzuleicht kann man dabei Fehler machen, die schwere Schädigungen bei den Nachkommen zur Folge haben.

J

Jacobsonsches Organ
So heißt ein dem Menschen fehlendes Sinnesorgan im Gaumen der Katze, das durch chemische Reize stimuliert werden kann und Gerüche speichert.

Jagdtrieb
Er ist bei Katzen immer vorhanden, ganz gleich, ob sie satt oder hungrig sind. Satte Katzen sollen sogar bessere Mäusefänger sein als hungrige, der Jagdtrieb ist also nicht identisch mit dem Futtertrieb.

Japanische Stummelschwanzkatze (Japanese Bobtail)
Ihr winziges Stummelschwänzchen, das wie eine Quaste aussieht, ist durch Mutation entstanden. Sie sind schlank, hochbeinig, haben zarte Stimmchen und gelten als besonders gesprächig und intelligent.

K

Kannibalismus

Kommt bei Katzen selten vor. Wenn eine Katzenmutter ihre Jungen tötet und auffrißt, geschieht das aus Unerfahrenheit oder weil sie sehr ängstlich und nervös ist. Eine Katze, die zum ersten Mal Mutter wird, weiß noch nicht, wo die Nabelschnur aufhört und frißt aus Versehen ihr Junges mit auf. Auch bei Katern hat man beobachtet, daß sie Junge töten, aber der Grund ist ein ganz anderer: Weil das säugende Katzenweibchen sich nicht begatten läßt, macht sich der Kater über die Jungen her, setzt beim Versuch der Paarung auch den Nackenbiß an, und der wird bei dem kleinen Kätzchen leider zum Tötungsbiß.

Katergesang

Er wird fälschlicherweise als Liebeslied bezeichnet, ist aber der Drohgesang zweier Kater, die sich Aug' in Auge gegenüberstehen. Das auf- und abschwellende Jaulen wird von tiefgrollendem Knurren unterbrochen.

Katze

Hier ist nicht das Tier gemeint, sondern, was man sonst noch Katze nennt. Dazu einige Beispiele: Katze nannte man im Mittelalter ein bewegliches Schutzdach, unter dem die Belagerer auf eine Festung vorrückten. Auch Schanzen und erhöhte Geschützstände sowie ein Sturmwerkzeug, mit dem die Mauern eingerannt wurden, hießen so. Noch heute werden Werkzeuge zum Einreißen von Gebäuden Katzen genannt.

Katzenminze

(lat. *Nepeta cataria*)
Auch Catnip genannt, ist eine Pflanze, die Sie in Ihrem Garten ziehen können, wenn sie dort nicht schon wild wächst. Sie enthält ein ätherisches Öl, dessen Duft Katzen in höchstes Wohlbefinden versetzt. Die Tiere geraten regelrecht aus dem Häuschen, schnüffeln an der Pflanze, lecken und kauen mit wachsender Begeisterung daran, beißen hinein, reiben Wange und Kinn, schnurren laut und vollführen Luftsprünge. Dieser Zustand dauert zwischen fünf und fünfzehn Minuten und ist für Katzen weder von Nutzen noch von Schaden. → Baldrian hat einen ähnlichen Effekt. Erfahrene Katzenhalter raten, der Katze nicht zu viel Minze oder Baldrian zu geben.

Katzenmuseum

Das Riehener Katzenmuseum (bei Basel) ist aus privater Initiative entstanden und zeigt vieles, was es an Lehrreichem und Wissenswertem rund um die Katze gibt. Die Sammlung umfaßt etwa 10000 Objekte, und es werden auch immer wieder thematische Sonderausstellungen veranstaltet.

Katzenmusik

Bezeichnung für schrille mißtönende Musik. Sie wurde im 18. Jahrhundert von Studenten »erfunden«, die damit gegen unbeliebte Professoren protestierten.

Katzenwäsche

Im Volksmund gebräuchlich für oberflächliche Säuberung, was aber nicht der Wirklichkeit entspricht, denn Katzen waschen sich überaus gründlich.

Kennel

Transportkäfig aus Kunststoff, der als ausbruchssicher gilt und in dem Katzen zum Beispiel in Flugzeugen reisen.

Knickschwanz

Galt als Wahrzeichen der Siamkatzen. Man bemüht sich heute, ihn wegzuzüchten. Entsteht durch eine Fehlbildung der Schwanzwirbel.

Kolostralmilch

Heißt die erste Muttermilch, die besonders reich an Proteinen und Antikörpern ist. Für neugeborene Kätzchen ist diese Milch von enormer Wichtigkeit.

Köpfchengeben

Nennt man eine Form der Kontaktaufnahme. Die Katze reibt ihre Backe oder den Nacken an erreichbaren Körperteilen des Partners, zum Beispiel am Menschenbein oder an der Flanke eines befreundeten Hundes.

Krallenentfernung

Ist Tierquälerei, da sich die Katze ohne Krallen nirgendwo mehr festhalten könnte und nur noch hilflos abrutschte. In Deutschland ist das Entfernen der Krallen verboten.

Kuder

So heißt der Kater der Wildkatze.

L

Lebenserwartung

Wohnungskatzen können 15, manchmal sogar 20 Jahre alt werden. Bei Katzen mit Auslauf ins Freie ist die Lebenserwartung, vor allem wegen der Gefahren durch den Verkehr, weit niedriger.

Leithaare

Sie stehen vereinzelt im → Deckhaar des Katzenfells, sind besonders lang und fest und können durch kleine Muskeln aufgerichtet werden. Der glatte dünne Schwanz meiner Burmakatze sieht dann aus wie eine Flaschenbürste.

Letalfaktor

(von lat. *letum* = Tod) Krankhafte Erbanlage, die zum Tod führt. Der Letalfaktor im Erbgut der schwanzlosen Manxkatze führt zum Beispiel in einem Wurf von vier Kätzchen garantiert zu einer Totgeburt.

M

Maikätzchen

Frühjahrskätzchen kommen meist im Mai zur Welt und gelten als besonders gesund und widerstandskräftig, wahrscheinlich deshalb, weil sie in die Wärme und das Licht der länger werdenden Tage hineingeboren werden.

Malteserkatze

So hießen die Kartäuserkatzen (→ Seite 135) früher.

Manxkatze

Sie kommen von der Insel Man. Wahrscheinlich konnte sich durch die Isoliertheit auf der Insel die durch Mutation entstandene Schwanzlosigkeit zum Rassemerkmal verfestigen. Man unterscheidet Rumpies und Stumpies. Die Rumpy hat an der Stelle, wo normalerweise der Schwanz ansetzt, eine runde, nach innen gehende Vertiefung, die Stumpy hat einen winzigen Stummelschwanz. Wegen des fehlenden Schwanzes hat die Manxkatze einen kaninchenähnlichen hoppelnden Gang (→ Letalfaktor).

Maske

Heißt die dunkle Gesichtszeichnung mancher Katzenrassen, zum Beispiel der Siamkatze. Sie hebt sich deutlich vom übrigen Fell ab.

Medaillon

Heißt der weiße Kehlfleck, oft die einzige andere Farbe im Fell der Katze.

Mietrecht

Viele Hauswirte untersagen das Halten von Katzen. Das steht im Gegensatz zum Grundgesetz, das in Artikel 2 jedem Bundesbürger das Recht auf freie Entfaltung der Persönlichkeit garantiert. Dazu gehört auch das Recht auf Heimtiere, solange niemand dadurch belästigt wird. Leider ist die Rechtsfrage nicht eindeutig, es gibt die unterschiedlichsten Urteile für oder gegen die Katzenhaltung (→ Seite 44).

Milchtritt

Saugende Kätzchen bekneten die Zitze der Mutterkatze mit ihren Vorderpfoten, um den Milchfluß anzuregen. Erwachsene Katzen behalten diese Bewegung, die man auch Treteln nennt, bei, wenn sie größtes Wohlbefinden ausdrücken wollen.

Mimik

Katzen verfügen über eine recht ausdrucksvolle Mimik. Zeigen sie ihr Spielgesicht, sind die Ohren gespitzt, die Augen weit geöffnet; beim Genießergesicht sind die Ohren vorgestellt, die Augen halb geschlossen; beim Drohgesicht sind die Ohren rückwärts aufgestellt, die Pupillen schmal, und beim Verteidigungsgesicht sind die Ohren angelegt, die Pupillen weit geöffnet.

Mundgeruch

Katzen haben ihn auf Grund ihrer Ernährung. Deswegen sollte man Fisch zum Beispiel nicht zuviel füttern, da die Tiere sonst danach stinken. Ein fauliger Mundgeruch kann auf entzündetes Zahnfleisch oder vereiterte Zähne hinweisen, aber auch auf eine andere ernsthafte Erkrankung. Die Katze muß dann zum Tierarzt.

Mutation

So heißt eine plötzlich auftretende Änderung der Erbsubstanz, durch die Farbe, Haarkleid und Wuchsform der Katze verändert wird. Die Erbanlage kann an Nachkommen weitergegeben werden.

N

Nackenbiß
Er wird von der Katze zu verschiedenen Gelegenheiten angewendet: Mit Nackenbiß packt die Mutter ihre Jungen (löst → Tragstarre aus) und trägt sie an einen anderen Ort; der Kater packt die rollige Katze während der Paarung am Nackenfell; der Tötungsbiß wird im Nacken der Beute angesetzt und muß erst gelernt werden.

Nasenspiegel
Heißt die Nasenspitze bei Katzen und anderen Tieren. Ihre Färbung ist bei Rassekatzen durch den Standard vorgeschrieben. Bei gesunden Katzen sollte der Nasenspiegel kühl und feucht sein.

Nestbautrieb
Setzt einige Wochen vor der Geburt ein. Dann fängt die Katze an, das Haus nach geeigneten Wurfplätzen zu inspizieren und sucht sich oft die merkwürdigsten Orte aus, wenn sie ihr nur geschützt genug für ihre Kinder erscheinen.

Nickhaut
Nennt man das dritte Augenlid der Katze, das bei drohender Gefahr, Verletzung, Ermüdung, Erschlaffung oder Austrocknung des Organismus im Krankheitsfall den Augapfel vom inneren Augenwinkel her ganz oder teilweise überdeckt.

O

Odd-eyed
Sind Katzen mit verschiedenfarbigen Augen, das heißt einem blauen und einem orangefarbenen Auge.

Operationskragen
Bekommen Katzen nach einer Operation um den Hals gelegt. Die Scheibe aus einem steifen Material soll die Katze daran hindern, an Wunden oder Verbänden zu lecken oder zu zupfen.

Orientierungssinn
Er existiert bei Katzen, ist aber noch weitgehend ungeklärt. Tatsache ist, daß manche Katzen über Tausende von Kilometern zu ihren Besitzern gefunden haben, selbst wenn die an einen völlig unbekannten Ort verzogen waren.

Ovulation
Lat. = Eisprung. Er wird 24 bis 30 Stunden nach der Verpaarung ausgelöst. Jetzt erst verläßt das reife Ei die Eierstöcke und wird ein bis zwei Tage danach befruchtet.

P

Panleukopenie
Der lateinische Name für Katzenseuche.

Papillen
Kleine Wärzchen auf der Zunge zum Ertasten des Geschmacks. Durch diese Wärzchen fühlt sich eine Katzenzunge wie Sandpapier an.

Pariakatzen
Das sind die ausgestoßenen Katzen, die auf der untersten Stufe der Rangordnung stehen, von allen unterdrückt und vom Futternapf vertrieben werden. Solche Hierarchien entstehen allerdings nur dort, wo Katzen auf engem Raum zusammenleben müssen. Haben sie freie Bewegungsmöglichkeit, gehen sie sich aus dem Wege, und dann entsteht so ein soziales Gefälle nicht.

Points
Kräftig gefärbte → Abzeichen der Katze an den Körperspitzen (Ohren, Pfoten, Schwanz), die sich deutlich von der restlichen Fellfarbe abheben.

Polydaktylie
Vielzehigkeit. Katzen können manchmal überzählige Zehen und Krallen haben, bis zu zehn an jeder Pfote. Diese erbliche Mißbildung behindert sie zwar nicht weiter, Nachkommen sollten sie aber nicht haben.

Postversand
Katzen dürfen zwar in Kartons verpackt verschickt werden, zu empfehlen ist diese Versendungsform aber nicht. Die meisten Katzen sind nach der Reise per Post so verschreckt und geschockt, daß sie Wochen brauchen, um sich von dem furchtbaren Erlebnis zu erholen. Deshalb immer die Katze persönlich abholen und in einem Katzenkorb oder → Kennel nach Hause transportieren.

Q

Qualifikation
Bewertung auf Ausstellungen durch anerkannte Zuchtrichter. Die Noten sind gut, sehr gut, vorzüglich (→ CAC).

Quarantäne

Isoliermaßnahme wegen der Tollwutgefahr. Bei der Einreise nach England, Malta, Australien, Neuseeland, Irland, Finnland, Norwegen und Schweden müssen Katzen bis zu 6 Monate lang in Quarantäne. Deshalb in diese Länder Katzen nicht in den Urlaub mitnehmen.

Queen

So wird in England die Zuchtkatze genannt.

R

Rangordnung

Katzen nehmen es mit ihr zwar nicht so genau, aber sie wird ausgeübt. Am Futterplatz darf sich die ranghöchste Katze die besten Bissen auswählen. Sie hat auch Anspruch auf den besten Schlafplatz, den dürfen die anderen aber zu bestimmten Zeiten auch mal benutzen. Wenn zwei Katzen sich begegnen, weicht die rangniedere aus (→ Wegerecht).

Rexfell

Durch eine → rezessive Mutation hervorgerufenes gewelltes oder gelocktes Haar, bei dem das → Deckhaar ganz oder teilweise fehlt.

Rezessiv

So nennt man eine vorhandene Erbanlage, die bei Mischerbigkeit nicht in Erscheinung tritt. Sie wird nur weitervererbt, wenn beide Eltern diese Erbanlage haben.

Rückkreuzung

Verpaarung eines Tiers der Eltern-Generation mit einem Tier der Tochter-Generation.

Rumpy

Absolut schwanzlose → Manxkatze.

S

Scheckung

Weißfleckung, die vom kleinen weißen Kehlfleck (→ Medaillon) bis zu völliger Weißfärbung reicht.

Scheinträchtigkeit

Durch die induzierte → Ovulation wird die Katze manchmal scheinträchtig mit allen Merkmalen, ohne daß ein Ei befruchtet wurde. Kätzinnen in einem solchen Zustand kann man in der Regel als Ammen für mutterlose Kätzchen benutzen, da sie sogar Milchfluß haben.

Schildpattkatze

So nennt man die dreifarbigen Katzen in Schwarz, Rot, Creme oder Weiß. Sie gelten als → Glückskatzen. Die Dreifärbung ist mit dem weiblichen Gen gekoppelt. Schildpattkater sind äußerst selten und dann meistens unfruchtbar.

Schnurren

Wie dieser charakteristische, behaglich klingende Katzenlaut zustande kommt, ist trotz vieler Untersuchungen noch nicht völlig klar. In Grzimeks Tierleben steht, daß Kleinkatzen einen völlig verknöcherten Zungenbeinapparat besitzen und deshalb nicht richtig brüllen können wie die Großkatzen. Dafür schnurren sie beim Ein- und Ausatmen.
Schnurren gilt als Zeichen von Wohlbehagen und als Beruhi-

gungslaut (Muttertiere beruhigen damit ihre Jungen). Da leidende und auch sterbende Katzen oft schnurren, kann es nicht nur ein Ausdruck von Wohlbehagen sein. Wahrscheinlich will die Katze damit sagen: Ich bin friedlich gestimmt, tut mir nichts.

Schnurrhaare

So heißen die dicken Haare, die die Katze auf der Oberlippe, über den Augen und an den Vorderbeinen trägt. Mit Hilfe dieser Tastorgane kann sich die Katze auch im Dunkeln zurechtfinden und ihre Beute packen und töten. Außerdem kann sie damit prüfen, ob sie durch einen engen Durchgang paßt. Bei Ärger und Erregung legt die Katze die Schnurrhaare zurück.

Schutzimpfungen

→ Impfungen

Schwanz

Er ist Balancierstange, Gleichgewichtssteuer (→ Freier Fall) und Stimmungsbarometer zugleich (→ Seite 86).

Schwitzen

Katzen schwitzen nicht wie die Menschen am ganzen Körper, sondern haben Schweißdrüsen zwischen den Zehen- und Sohlenballen, an den Lippen, am Kinnwinkel, in der Umgebung der Zitzen und rund um den After. Bei großer Erregung oder starker Hitze öffnen sie den Mund und hecheln.

Speicheln

Katzen »sabbern« manchmal, wenn sie schmusen oder besonders aufgeregt sind, zum Beispiel beim Tierarztbesuch. Das ist eine lästige Angewohnheit, aber nichts Bedenkliches. Ein langanhaltendes Speicheln kann auf Zahnfleischerkrankungen hindeuten, die vom Tierarzt behandelt werden müssen.

Stellreflex
→ Freier Fall

Stop

Ein aus dem Englischen stammender Begriff für den Absatz zwischen Stirn und Nasenspitze. Besonders ausgeprägt ist er bei Persern, das heißt, im Profil gesehen weist er eine starke Krümmung auf.

Streß

Durch ungewohnte Situationen, in die die Katze zum Beispiel durch Besitzerwechsel, Trennung der Jungkatzen von der Mutter, bei Ausstellungen oder auf Reisen gerät, wird der Stoffwechsel beschleunigt und dadurch die Infektionsgefahr erhöht.

T

Tabby

Ein aus dem Englischen stammender Begriff für das Muster des Fells. Man unterscheidet vier Gruppen: Mackerel Tabby = Tiger-Streifen-Muster; Blotched Tabby = geflecktes Muster; Spotted Tabby = getupftes Muster; → Abessinier Tabby = kein Muster.

Tapetum Lucidum

Phosphoreszierende Schicht im Augenhintergrund der Katze. Sie bringt im Dunkeln die Augen zum Aufleuchten.

Ticking

Fachausdruck aus dem Englischen für die dunkle Bänderung jedes einzelnen Haars, zum Beispiel bei Abessinierkatzen → Abessinier Tabby.

Tierversuche

Katzen wurden und werden in vielen Bereichen der wissenschaftlichen Forschung für Versuche mißbraucht, wobei sie große Schmerzen erdulden müssen. Da die Experimentatoren die Katze für ein ideales Versuchsobjekt halten, denn sie reagiert sensibel und deutlich auf Streß und Schmerz, wird es noch vieler Aktionen von Tierversuchsgegnern bedürfen, um sie und alle anderen »Versuchstiere« von ihren Folterqualen zu befreien.

Tipping

Fachausdruck aus dem Englischen für Spitzenfärbung. Bei »getippten« Katzen sind nur die Haarspitzen dunkler gefärbt als das übrige Fell.

Tragstarre

So nennt man den Zustand, in den ein Katzenjunges automatisch verfällt, wenn es seine Mutter am Nacken hochhebt und herumträgt. Es legt den Schwanz zwischen die Hinterbeine und zieht diese an, damit es nicht auf dem Boden schleift.

Treteln
→ Milchtritt

U

Übersprunghandlung

Ein Begriff aus der Verhaltensforschung. Wenn eine Katze in einer Konfliktsituation nicht weiß, wie sie sich entscheiden soll, fängt sie plötzlich eine andere Tätigkeit an, zum Beispiel sich zu putzen.

Unfruchtbarkeit

Hin und wieder kommt das auch bei Katzen vor. Die Ursachen können verschieden sein. Bei Katern ist es manchmal erblich bedingt, bei Kätzinnen liegt es vielleicht an der falschen Ernährung mit zu wenig Vitaminen und Mineralstoffen, an einer Entzündung der Gebärmutter oder einer Infektion der Genitalien.

Unsauberkeit

Sie tritt gar nicht so selten bei Katzen auf und hat die verschiedensten Ursachen, denen man erst auf den Grund kommen muß, bevor man zu Gegenmaßnahmen greift (→ Seite 34).

Unterwolle

So heißt das dichte, weiche wollige Fell unter dem → Deckhaar, das bei den verschiedenen Rassen auch verschieden dicht ausfällt. Bei Kartäuser- und Russisch Blau-Katze ist das Unterhaar so lang wie das Deckhaar, deshalb spricht man von einem Doppelfell (→ Seite 135 und 128).

V

Varietät

Unterart einer Rasse, besonders spezielle Farbform.

Vererbung

Katzen geben je eine Hälfte der Erbanlagen für bestimmte Eigenschaften, zum Beispiel für Fell- oder Augenfarbe an ihre Kinder weiter, wodurch diese sie in doppelter Ausfertigung besitzen. Die Gesetze der Vererbungslehre entdeckte Mitte des vorigen Jahrhunderts der österreichische Mönch Gregor Mendel. Erst aufgrund dieser Forschungsergebnisse war eine gezielte Zucht möglich.

Verhaltensstörung

Sie kann angeboren sein oder erworben werden. Katzen, die in frühester Jugend negative Erlebnisse hatten, neigen als Erwachsene oft zu Verhaltensstörungen, wenn sich in ihrer Umgebung etwas verändert. Sie reagieren manchmal auf Veränderungen, die dem Katzenbesitzer unwesentlich erscheinen, für die Katze aber unerträglich sind. Die Verhaltensstörungen reichen von Unsauberkeit, Scheu, Futterverweigerung, über Berührungsangst und Aggressivität bis hin zu schwerer Krankheit. In diesem Fall gilt es herauszufinden, was die Katze aus ihrem Gleichgewicht gebracht hat. Es helfen Harmonisierung, Abbau von Spannungsmomenten sowie Schaffung eines entspannten Klimas, in dem sich die Katze wieder wohlfühlen kann.

Vertrauen

Das Vertrauen zum Menschen wird dem Kätzchen von seiner Mutter überliefert. Wir haben dann die Verpflichtung, dieses Vertrauen mit Liebe, Streicheleinheiten und Spiel zu festigen. Strafen, Ungerechtigkeit, Hektik und Lärm würden es hingegen empfindlich stören, wenn nicht gar für immer zerstören.

Vitamine

Sie sind für den Körperhaushalt der Katze von lebenswichtiger Bedeutung (→ Seite 50).

W

Wegerecht

In ihrem Revier räumt eine Katze einer anderen das Wegerecht ein, vorausgesetzt, man kennt sich. Gebietsfremde Katzen werden verjagt. Bei solchen Begegnungen wird ein direktes Zusammentreffen vermieden. Beide Katzen warten »höflich« in einiger Entfernung, dann darf die ranghöhere zuerst weitergehen. War jedoch die rangniedere zuerst da, darf sie ihren Weg fortsetzen. An solchem Verhalten zeigt sich einmal mehr die hohe soziale Entwicklung von Katzen.

Wiegen

Da Katzen nicht ohne weiteres auf der Waage stehenbleiben, löst man das Problem, indem man sich mit ihr im Arm wiegt und dann das Eigengewicht abzieht.

Wildkatze

→ Europäische Wildkatze

Z

Zähne

Jungkätzchen bis zu 6 Monaten haben ein Milchgebiß mit 26 Zähnen. Die erwachsene Katze hat 30 Zähne.

Zahnwechsel

Er vollzieht sich meist ganz unauffällig und ohne Schwierigkeiten im Alter von 24 Wochen.

Zimmerpflanzen

Sie stellen für Katzen oft eine Gefahr dar, da die meisten giftig sind. Da Katzen aber gern an → Gras knabbern, sollte es ihnen in einer Schale zur Verfügung stehen. Sie lassen in der Regel dann die für sie nicht bestimmten Pflanzen in Frieden. Besser noch: keine giftigen Zimmerpflanzen pflegen. Giftig sind zum Beispiel: Christusdorn, Dieffenbachie, Kroton, Oleander, Primeln, Weihnachtsstern, Wüstenrose, Zimmeraralie.

Zuckerkrankheit

Sie tritt leider auch bei Katzen auf und drückt sich in Appetitlosigkeit oder Heißhunger, Gewichtsabnahme, großem Durst und Erbrechen aus. Es kann auch zum diabetischen Koma kommen, das heißt Ohnmachtsanfall oder Krampfzustände. In diesem Fall muß man dem Tier sofort ein bis zwei Teelöffel Honig oder Fruchtsirup direkt ins Maul geben und zum Tierarzt gehen.

Zwingername

Vom jeweiligen Zuchtverband anerkannter, geschützter Name für Katzen eines bestimmten Züchters, der in einem Namenszuchtverzeichnis eingetragen ist.

Sprung über den Bach. Für eine springgeübte Katze kein Problem. Hindernisse, die ihr auf ihren Reviergängen in der freien Natur begegnen, bezwingt sie auf die ihr eigene elegante Art.

Porträts beliebter Rassekatzen

Katzen sind wunderschöne Tiere, egal, ob es sich »nur« um gewöhnliche Hauskatzen handelt oder um edle Rassekatzen mit einem Stammbaum, auf dem vier Generationen mit mehreren Champions verzeichnet sind. Doch für viele Katzenliebhaber sind gerade die Zuchtexemplare die elegantesten, unergründlichsten, liebenswertesten, bezauberndsten Geschöpfe auf der Welt. Hinzu kommen ein paar geheimnisvolle Geschichten, die sich um den Ursprung einiger Rassen ranken.

Die Entstehung der Rassen

Die ersten Rassen entstanden durch Mutationen (plötzlich auftretende Änderung der Erbsubstanz, die dann konstant weitergegeben wird), durch die Farbe, Haarkleid und Wuchsform verändert werden. Einer solchen »Laune der Natur« verdankt eine der ältesten Katzenrassen, die Türkisch Angora (→ Seite 122) ihren Ursprung. Da sich diese Katze auch nur innerhalb ihrer eigenen Rasse vermehren konnte, verfestigten sich die charakteristischen Merkmale, die sie zu einer orientalischen Langhaarkatze machten. Als die ersten Exemplare dieser Rasse im 16. Jahrhundert von der Türkei nach England und Frankreich gelangten, wurden sie wegen ihres silbernen, seidigen Haars sehr bewundert. Mit der Zeit bildeten sich unter den Langhaarkatzen verschiedene Typen heraus, und als man der Katze mit dem kompakteren Körperbau und dem dichten, feinen Fell den Vorzug gab, begann die Zucht der Perserkatzen.

Katzenzuchtverein und Standard

Als Liebhaberei fing es an – inzwischen ist die Zucht mit Rassekatzen zu einer ernsten Sache geworden. Nachdem man in England Katzen 1871 zum ersten Mal auf einer Ausstellung gezeigt hatte, schlossen sich die Katzenzüchter in einem Club zusammen und legten Richtlinien fest, die auch heute noch den Anliegen von Katzenzuchtvereinen entsprechen. Hier geht es, kurz gesagt, um die Reinheit der Rassen und ihrer verschiedenen Varietäten, um ihre Klassifikation, die Eintragung ins Zuchtbuch und die Anerkennung des nationalen Clubs als oberste Instanz in allen Rassefragen. Die internationale Richterkommission der Rassekatzenverbände legte auch für alle Rassekatzen den Standard fest. Das ist die Beschrei-

bung des »idealen« Tiers einer Rasse. Jede anerkannte Rasse und jede Farbvarietät trägt eine Nummer, die für alle der FIFe (Fédération Internationale Féline d'Europe) angeschlossenen Länder gilt.

Katzenschönheiten stellen sich vor

Die im folgenden Teil vorgestellten Rassekatzen möchten beweisen, daß sie trotz ihrer hochfeinen Abstammung richtige Katzen geblieben sind. Die ins Extrem getriebenen Rassemerkmale, die mancher Züchter seinen Katzen angedeihen läßt, stromlinienförmige Siam, Perser ohne Nase, nackte oder schwanzlose Katzen, verfälschen das Bild von der Katze, so wie ich es in diesem Buch beschrieben habe.
Hinweis: Fast alle hier veröffentlichten Katzen wurden exklusiv für dieses Buch fotografiert. Tiere mit besonderen Auszeichnungen sind mit einem * gekennzeichnet. Auf Seite 141 können Sie die Zuchtnamen sowie alle Auszeichnungen nachlesen.

Raubtier Katze. Seitdem sich vor 3500 Jahren die wilden Falbkatzen den Menschen anschlossen, veränderten sie sich nur geringfügig und bewahrten sich vieles von ihrer wilden Herkunft.

Perser (Persian)

Zu den Bildern auf dieser Seite:
Perser, Golden Shaded , Kater,
1½ Jahre (oben), Colourpoint
Bluepoint, Kätzin, 2 Jahre*
(unten).
Zu den Bildern auf der gegen-
überliegenden Seite:
Perser, Rot, Kater, 10 Monate
(oben links), Chinchilla, Kätzin,
4 Jahre (oben rechts), Blue
Smoke, 9 Wochen (unten).

Die Mischung aus Baby-Face mit
großen, leuchtenden Kulleraugen,
dazu das einzigartig schöne Fell
und das liebe Wesen hat die Perser zu einer der beliebtesten
Rassekatzen gemacht. Es ist an-
zunehmen, daß die Perser von
Langhaarkatzen aus Angora (Ankara) abstammen. Die Engländer
fingen an, den kompakteren Typ
mit dickerem Kopf, kurzen Ohren
und flacherem Gesicht systematisch zu entwickeln.

Körperbau: Groß bis mittelgroß.
Gedrungen und muskulös, kräftiger Knochenbau. Beine kurz,
stämmig.
Fell: Lang und dicht, feine Textur
(nicht wollig). Durch die gut entwickelte Unterwolle wirkt es voll
und duftig. Brust und Nacken
umschließt eine ausladende
»Löwenmähne«.
Farben: Kaum eine Rasse wird in
solcher Farbenvielfalt gezüchtet
wie die Perser.
Einfarbig: Ganz gleichmäßig
durchgefärbt ohne helle Schattie-
rungen. Schwarz: Tiefes Raben-
schwarz bis zur Haarwurzel.
Chocolate: Alle Farbtöne von

Braun. Lilac: Schwer zu beschrei-
bende Farbe, ähnelt Milch mit einem Schuß Kaffee und hat einen
rosa Schimmer. Weiß: Absolut reines Weiß. Blau: Ist in Wirklichkeit
ein Grau mit Blauschimmer. Rot:
Tiefdunkles warmes Rot. Sehr
schwer zu züchten. Creme: Pa-
stellfarben.
Smoke, Cameo, Shell, Shaded:
Silberweiße Unterwolle, die Haarspitzen getippt in den jeweiligen
Farben, ebenso mit allen Schild-
pattvarianten. Bei Black Smoke
zum Beispiel sind die Haarspitzen
schwarz und so verteilt, daß
das Fell wie »smoked« = geraucht
oder gerußt aussieht.

Silber Gestromt, Silber Tabby:
Grundfarbe: reines, getipptes Silber mit kontrastreicher Zeichnung in den Farben.

Gestromt (Tabby): Grundfarbe etwas heller, durchzogen von deutlichen, kontrastreichen dunkleren Streifen derselben Farbe. Auf der Stirn soll ein klares »M« zu sehen sein.

Schildpatt, Schildpatt Weiß: Die Farben Rot und Schwarz oder Blau und Creme und so weiter müssen gut in Flecken voneinander abgegrenzt und verteilt sein. Bei der Kombination mit Weiß muß mindestens die Hälfte farbig sein.

Zweifarbig (Bicolor): Die Farbflecken sollten deutlich vom Weiß abgegrenzt und harmonisch auf beiden Körperhälften verteilt sein. Bei der Harlekin befinden sich die Farbflecken nur im Gesicht und am Schwanz.

Colourpoint: Maskierung wie die Siamkatze.

Chinchilla: Unterwolle reinweiß. Rücken, Flanken, Kopf, Ohren und Schwanz sind in der jeweiligen Farbe leicht getippt. Augen in der Tippingfarbe umrandet.

Golden: Unterwolle warmes Creme. Fell am Rücken, Flanken, Kopf und Schwanz so stark dunkelbraun getippt, daß die Katze golden erscheint. Man unterscheidet Golden Shaded und Golden Shell.

Kopf: Groß, breit und rund; volle Wangen. Ohren klein, abgerundet, weit auseinanderstehend und mit reizvollen Haarbüscheln versehen. Die kleine, kurze und breite Nase hat einen deutlichen »Stop«, das heißt, eine kräftige Einbuchtung am Nasenansatz.

Augen: Groß, rund und offen. »Kulleraugen«. Bei den meisten Farben: Kupfer oder dunkles

Orange. Bei Weiß: Blau oder verschiedenfarbig, nämlich Blau und Kupfer (Odd-eyed). Bei Silber Gestromt, Golden und Chinchilla: Grün. Bei Colourpoint: Blau.

Schwanz: Kurz und buschig, am Ende leicht abgerundet, mit nach unten getragenem Wedel.

Wesen: Die Perserruhe ist sprichwörtlich, was dieser Rasse auch den Spitznamen »Sofatiger« eingebracht hat. Bei einigen Farbvarietäten findet man aber durchaus muntere und verspielte Katzen. Hierzu zählen Chinchilla, Colourpoint, Silber, Golden, Rot, Schildpatt und Schwarz. Im Wesen anschmiegsam, gesellig und verträglich sind Perser ideale Familien- und Wohnungskatzen. Sie gehen aber gerne hinaus, wenn sie Gelegenheit dazu bekommen.

Geeignet für: Leute, die eine majestätische, imposant wirkende, ruhige Rasse für die Wohnung suchen.

Besonderheiten: Sehr pflegeaufwendig.

Verschiedene Perser-Farbschläge

Schildpatt auf Weiß, Kätzin, 1½ Jahre.

Creme, Kätzin, 2 Jahre.

Schwarz Weiß, Kätzin, 4 Monate.

Chocolate Ticked, Kätzin mit 6 Wochen altem Jungen.

Chocolate Schildpatt, Kätzin, 1 Jahr.

Schwarz, Kätzin, 1 Jahr.

Tägliches Kämmen und Bürsten ist bei Perserkatzen notwendig, da das Fell sonst so verknotet und verfilzt, daß die Katzen schließlich vom Tierarzt geschoren werden müssen. Gelegentliches Pudern und Baden ergänzt die Pflege. Wer sich eine Perser mit flachem, sehr typvollem, eingedrücktem Gesicht zulegt, muß eventuell mit gesundheitlichen Problemen rechnen: tränende Augen, Atemprobleme, Schwierigkeiten bei der Geburt durch extrem dicke Köpfe und beim Abnabeln, manchmal sogar Probleme mit dem Fressen. Ob dies noch sinnvolle Zucht, geschweige denn Tierliebe ist, erscheint mir sehr fraglich.

Bicolor Rot Weiß, Kater, 1½ Jahre.

Harlekin, Blau Weiß, Kater, 3 Jahre.

Silber Gestromt, Kater, 6 Monate.

Maine Coon

Maine Coon, Black Tabby mit Agouti, Kater, 3 Jahre* (oben), Blau Silber Tabby, 5 Wochen (unten).

Die Maine Coon ist eine ursprüngliche Rasse, die sich hauptsächlich im amerikanischen Bundesstaat Maine selbständig entwickelt hat. Wahrscheinlich stammt sie von Halblanghaarkatzen ab, die von Seeleuten nach Amerika mitgebracht wurden und sich mit den heimischen Katzen verpaart haben. Der Name Coon (= Waschbär) beruht auf der Ähnlichkeit mit dem Waschbärfell.

Körperbau: Mittel- bis sehr groß. Kater bis zu 10 kg. Kräftig mit breitem Brustkorb. Körperform langgestreckt und rechteckig.
Fell: Dicht, locker fallend. Weiche feine Unterwolle mit gröberem, glattem Deckhaar. Kurz an den Schultern, länger an Bauch und Hinterbeinen. Üppiger Kragen erwünscht; Fellbüschel zwischen den Pfoten. Länge und Dichte des Fells variieren mit den Jahreszeiten und dem Klima.
Farben: Alle Farben und Zeichnungen, ausgenommen Siam-Points, Chocolate und Lilac. »Klassische« Maine Coon-Farbe ist Tabby, beliebt mit weißem Lätzchen und weißen Pfoten.

Kopf: Keilförmig, breit, mit kantigem Umriß der Schnauze. Kräftiges Kinn, mittellange Nase und große Ohren mit dichten Haarbüscheln.
Augen: Groß, rund, leicht schräg und weit auseinanderstehend. Farben: Grün, Goldorange. Bei Weiß: Blau oder Odd-eyed.
Schwanz: So lang wie der Körper. Breit am Ansatz, spitz zulaufend. Langes, wehendes Fell; buschig, wenn der Schwanz sich aufrichtet.
Wesen: Ausgeglichen, gesellig und verträglich. Kann recht verschmust und verspielt sein, behält aber ihre Eigenständigkeit.
Geeignet für: Menschen, die eine robuste, pflegeleichte Halblanghaarkatze suchen, die sich auch gut mit Kindern verträgt. Maine Coons können in der Wohnung gehalten werden, lieben aber einen Balkon oder Gartenauslauf sehr.
Besonderheiten: Eine noch unverdorbene, natürliche Rasse, die allerdings so in Mode gekommen ist, daß der Anschaffungspreis beachtlich ist.

Norwegische Waldkatze (Norwegian Forest Cat)

Körperbau: Mittelgroß, kräftig, lang und geschmeidig. Die Hinterbeine sind höher als die Vorderbeine.

Fell: Lang und dicht. Die Unterwolle wird überdeckt von glänzenden, wasserabstoßenden Haaren. Lange Halskrause, Bart, »Knickerbocker-Hosen« an den Hinterbeinen und Büschel an den Ohren. Das Sommerfell ist meistens kürzer.

Farben: Alle Farben erlaubt.

Kopf: Die lange Nase ohne Stop soll zusammen mit den weit auseinandergesetzten Ohren ein Dreieck bilden (im Gegensatz zur Maine Coon mit dem kantigeren breiten Kopf und der nicht so langen Nase).

Augen: Groß und offen. Die Farbe passend zum Fell.

Schwanz: Lang und sehr buschig.

Wesen: Freundlich und unkompliziert, dabei lebhaft und verspielt. Sie ist eine gewandte Kletterin und fordert ihren Halter mit zarter Stimme zum Schmusen auf. Norweger lieben Kinder, sind sehr gesellig und verträglich und können deshalb gut in eine vorhandene Katzengruppe integriert werden. Als Einzeltier gehalten fühlt sich die Norwegerin aufgrund ihres geselligen Wesens selten wohl.

Geeignet für: Menschen, die eine unverdorbene langhaarige Rassekatze suchen, die wie die Maine Coon mit wöchentlichem Durchbürsten auskommt. Während des Fellwechsels kann sie allerdings kräftig Haare verlieren.

Besonderheiten: Norweger lieben es, bei jedem Wetter draußen zu sein. Ihr wasserabstoßendes Fell schützt sie vor Nässe und Kälte. Selbst die Wohnungstiger sind gerne und viel auf dem Balkon, auch wenn mal nicht die Sonne scheint.

Norwegische Waldkatze, Schwarz Weiß, Kätzin, 4½ Jahre (links), Black Tortie Tabby mit Weiß, Kätzin, 4½ Jahre* (rechts).

Die Norwegische Waldkatze, »Norsk Skaukatt«, ist ein richtiger Naturbursche aus dem hohen Norden. Eine langhaarige Bauernhofkatze, die in den Fjorden und dunklen Wäldern ihrer Heimat seit Jahrhunderten heimisch ist. Ihr wasserabstoßendes Fell mit der wärmenden Unterwolle schützt sie vor Regen und Schnee. Inzwischen sind die freundlichen, unkomplizierten Norweger auch in unsere Haushalte eingezogen und finden immer mehr begeisterte Anhänger.

Türkisch Angora (Turkish Angora)

Türkisch Angora, Weiß, Kätzin, 1½ Jahre* (oben), Weiß und Creme Weiß, 4½ Wochen (unten).

Eine halblanghaarige Schönheit von sehr alter Rasse, die in der Türkei ihren natürlichen Ursprung hat. Benannt nach der Stadt Angora (heute: Ankara), gilt für viele Katzenliebhaber auch heute noch ausschließlich die weiße Angora als die einzig wahre, obwohl diese Katzen in der Türkei in vielen Farben vorkommen. Bereits im 16. Jahrhundert gelangten die ersten Tiere nach England und Frankreich.

Körperbau: Mittelgroß, langgestreckt und feingliedrig. Hinterbeine etwas höher als die Vorderbeine. Brust leicht ausgebildet. Die Bewegungen anmutig und sehr geschmeidig.

Fell: Sehr fein und seidig schimmernd, keine Unterwolle. Am Körper mittellang, Halskrause erwünscht, am Bauch leicht wellig.

Farben: Noch immer ist Weiß die bevorzugte Farbe, gestattet sind aber auch andere Farben der Langhaarkatzen.

Kopf: Keilförmig, breit am Oberkopf, zum Kinn hin spitzer zulaufend. Mittellange Nase ohne Knick. Große spitze Ohren mit Haarbüscheln.

Augen: Groß, mandelförmig, leicht schräg nach oben gestellt.

Weiße Katzen: Blau, Golden oder verschiedenfarbig (Odd-Eyed). Andere Fellfarben: Bernsteingelb bis Gelbgrün.

Schwanz: Lang und füllig, spitz zulaufend.

Wesen: Freundlich, lebhaft und verspielt. Nicht so »redefreudig« wie die übrigen Orientalen.

Geeignet für: Menschen, die sich eine sehr elegante, orientalisch wirkende Katze mit anmutigen Bewegungen wünschen. Trotzdem ist diese Katze kein Luxusgeschöpf, sondern eine natürlich gebliebene Rasse.

Besonderheiten: Fellpflege anspruchsloser als bei Persern, da das Fell ohne Unterwolle weniger zum Verfilzen neigt. Haart aber stärker während des Fellwechsels. Weiße Katzen mit blauen Augen können taub geboren werden.

Türkische Van Katze (Turkish Van)

Türkisch Van, Kätzin, 5 Jahre* (oben), Van Kätzchen, 13 Wochen (unten).

Wie bei der Türkisch Angora handelt es sich auch bei der Van Katze um eine Rasse natürlichen Ursprungs. Aus dem Gebirge rings um den türkischen Van-See stammend, gelangten diese Katzen erst in den 60er Jahren nach England. Ungewöhnlich an dieser Rasse sind die seltene kastanienrote Zeichnung und die Tatsache, daß diese Katzen in ihrer Heimat gerne in seichten Gewässern schwimmen.

Körperbau: Mittelschwerer und muskulöser Typ, lang, aber eher gedrungen.

Fell: Kalkweiß, ohne Spur von Gelb. Im Gesicht kastanienrote Flecken in Ohrnähe. Die Ohren selbst müssen reinweiß sein. Der Schwanz ist ebenfalls kastanienrot mit etwas dunkleren Ringen derselben Farbe.

Kopf: Kurzes, nach unten abgestumpftes Dreieck. Mittellange und gerade Nase, starkes Kinn, kräftiger Hals. Am Ansatz breite, oben leicht abgerundete Ohren mit starker Behaarung.

Augen: Groß, rund bis leicht oval. Helles Bernstein. Die Lider sollen rosa umrandet sein.

Schwanz: Gut behaart ohne Unterwolle, mittellang.

Wesen: Eine recht temperamentvolle Katze, die am liebsten mit anderen Artgenossen durch die Wohnung tobt. Spielt in der Gruppe gerne die erste Geige. Sie liebt Gartenauslauf, kann aber auch in der Wohnung gehalten werden.

Geeignet für: Menschen, die eine ursprüngliche Katze lieben, die gelegentlich recht eigenwillig sein kann. Trotzdem ist die Van ihrem Halter sehr zugetan, mag Zuwendung ohne jeglichen Zwang.

Besonderheiten: Diese Rasse liebt das Wasser und schwimmt gerne. Trotzdem stimmt es nicht, daß alle in Europa gezüchteten Van Katzen diese Leidenschaft teilen. Überlassen Sie es Ihrer Katze, ob sie ins nasse Element mag oder nicht. Van Katzen sind hierzulande noch recht selten.

Javanese und Balinese

Javanese, Havanna (Smoke), Kätzin, 2 Jahre (links), Balinese, Sealpoint, Kater, 1½ Jahre* (rechts), Balinese, Bluepoint, 12 Wochen (unten).

Die Balinesen entstanden aus Halblanghaar-Abkömmlingen einer Rasse, die eigentlich kurzhaarig ist, der Siam-Zuchtlinie. Die Javanesen wiederum stammen aus der Verpaarung von Balinese und Orientalisch Kurzhaar. Diese noch sehr neuen und seltenen Rassen haben nichts mit den gleichnamigen Inseln zu tun. Wahrscheinlich erinnerten sie ihre amerikanischen Züchter an die Anmut von Tempeltänzerinnen. Im Standard gleicht die Balinesin der Siam, die Javanesin der Orientalisch Kurzhaar. Einziger Unterschied ist das längere Haarkleid.

Körperbau: Lang und zierlich mit fester Muskulatur. Die schlanken Beine hinten höher als vorne. Die Hüfte niemals breiter als die Schulter.
Fell: Mittellang, fein und sehr seidig ohne Unterwolle.
Farben: Balinese: Alle Siamfarben (→ Seite 131). Javanese: Alle Farben der Orientalisch Kurzhaar (→ Seite 132).
Kopf: Längliche Keilform von mittlerer Größe. Die lange, gerade

Nase soll ohne Knick (Stop) verlaufen, die Stirn flach sein. Der Hals ist schlank und lang, die Ohren auffallend groß, zugespitzt und weit am Ansatz.
Augen: Mandelförmig, dürfen nicht schielen. Balinese: Leuchtendes, tiefes Blau. Javanese: Grün, nur bei weißem Fell Tiefblau.
Schwanz: Lang, zu einer feinen Spitze auslaufend. Das Schwanzhaar wie eine Feder ausgebreitet.
Wesen: Im Wesen etwas gemäßigter als die Siamesen, trotzdem mit starkem Bewegungsdrang. Klettern, Springen, Jagen und Spielen liegt diesen Katzen im Blut, ebenso eine hingebungsvolle Zärtlichkeit, mit der sie ihren Menschen überschütten können. Sie reagieren sehr sensibel und sind äußerst intelligent.
Geeignet für: Menschen, die Freude haben an einer anmutig eleganten, sehr lebendigen und auch anspruchsvollen Katze.
Besonderheiten: Wird früh geschlechtsreif, zieht hingebungsvoll ihre Jungen auf. Pflegeleicht.

Somali

Somali, Wildfarben, Kätzin, 10 Monate (oben), Blau Silber, 3 Monate (unten links), Blau, 5 Monate (unten rechts).

Somalis stammen nicht etwa aus dem afrikanischen Land gleichen Namens. Vielmehr sind sie eine gezüchtete Rasse, die aus den Abessiniern entstanden ist. Die Amerikaner und Australier züchteten sie zu einer wunderschönen neuen Rasse heraus, die 1981 auch bei uns in Europa offiziell anerkannt wurde.

Körperbau: Mittelgroß, bei den Katern deutlich größer und kräftiger. Geschmeidig, graziös, aber mit gut entwickelter Muskulatur. Der Rücken ist leicht gewölbt und erweckt den Eindruck der Sprungbereitschaft.
Fell: Mittellanges Haarkleid, an den Schultern kürzer. Katzen mit Höschen und gutentwickelter Halskrause werden bevorzugt.
Farben: Getickt. Dunkel geboren braucht die Somali etwa zwei Jahre, bis das Haarkleid fertig ist.
<u>Wildfarben:</u> Warmes Braun/Orange, Ticking Schwarz.
<u>Sorrel:</u> Warmes Kupferrot, Ticking Chocolatebraun. <u>Blue:</u> Warmes Blaugrau, Ticking tiefes Stahlblau.
<u>Beige-Fawn:</u> Mattes Beige, Ticking dunkles, warmes Creme.
<u>Silber:</u> Unterfell silberweiß, Ticking in der jeweiligen Farbe.
Kopf: Leicht gerundete Keilform, große breite Ohren.
Augen: Groß, leicht mandelförmig und ausdrucksvoll. Klares, intensives Bernsteingelb oder Grün. Lider dunkel mit etwas stärkerer Umrandung.
Schwanz: Lang und buschig.

Wesen: Sehr verspielt, lebhaft, verschmust und äußerst verträglich. Kann gut mit anderen Katzen zusammengehalten werden. Klettert und springt mit Begeisterung.
Geeignet für: Halter, die eine temperamentvolle, aber doch ausgeglichene Katze haben möchten.
Besonderheit: Durch das gebänderte Fell (Ticking) strahlt diese Katze etwas Wildtierhaftes aus; die sorrelfarbenen Somalis mit ihrem buschigen Schwanz ähneln kleinen Füchsen. Diese Halblanghaarkatzen haaren kaum.

Birma, Heilige Birma (Birman, Sacred Cat of Burma)

Birma, Sealpoint, Kater, 1 Jahr*
(oben), Bluepoint, Kätzin,
5½ Monate (unten links), Seal-
point, 7 Wochen (unten rechts).

Den Beinamen »heilig« verdankt
die Birma einer Legende, nach
der angeblich die Seele eines in
den Tempeln von Birma (früher:
Burma) ermordeten Priesters in
das Tier gewandert sein soll. Es
ist jedoch unwahrscheinlich, daß
die Birma in Südostasien hei-
misch war. Heute gilt Frankreich
als das Land, wo sie vermutlich
aus Siam, Europäisch Kurzhaar
und Perser herausgezüchtet
wurde.

Körperbau: Mittelschwer und leicht gestreckt, Beine kurz und kräftig.
Fell: Halblanges bis langes Fell, je nach Körperteil auch kurz, zum Beispiel im Gesicht, volle Halskrause. Insgesamt ist das Haarkleid nicht so lang wie bei den Persern.
Farben: Dieselben charakteristischen Abzeichen (Points) an Gesicht, Ohren, Pfoten und Schwanz wie bei den Siamesen. Am meisten verbreitet: Sealpoint (dunkles Braun) oder Bluepoint (Blaugrau). Der Rest des Fells: Helleier-schalenfarben, der Rücken goldenes Beige, der Bauch vollkommen Weiß. Rassemerkmal: 4 weiße »Handschuhe« an den Pfoten (→ Besonderheiten).
Kopf: Kräftiger Schädel, Nase ohne Stop, gut proportioniert ohne »persisch« oder »siamesisch« zu wirken.
Augen: Blau.
Schwanz: Dicht befedert, am Ende buschig.
Wesen: Im Temperament eine Mischung aus ruhiger Perser und lebhafter Siam. Eine liebenswerte, freundliche Katze, die engen menschlichen Kontakt braucht. Gesellig wie sie ist, lebt die Birma gerne mit anderen Katzen und Heimtieren zusammen. Melodische Stimme.
Geeignet für: Familie mit Kindern, eine Person, die viel zu Hause ist. Ideale Wohnungskatze, da sie nicht nach draußen drängt.
Besonderheiten: Trägt bei Freude den Schwanz geringelt wie ein Eichhörnchen auf dem Rücken. Einzigartig: Alle 4 Pfoten tragen reinweiße »Handschuhe«, die an den Zehenwurzeln oder am Gelenk enden. Bei den Hinterpfoten soll das Weiß zu einer Spitze auslaufen, den sogenannten Sporen. Birmas brauchen nur ab und zu gebürstet zu werden, da ihr Haarkleid nicht zum Verfilzen neigt.

Ragdoll

Körperbau: Mittelgroß bis groß, kräftig und muskulös. Erst mit etwa 4 Jahren voll ausgewachsen. Kater bis zu 10 kg schwer.

Fell: Mittellang bis lang, volle Halskrause mit abstehendem »Lätzchen«, Textur plüschig und seidig.

Farben: Colourpoint: Points (Abzeichen) an Ohren, Gesicht, Beinen und Schwanz. Frost-, Blue-, Chocolate- und Sealpoint (→ Siam, Seite 131).

Bicolor: Maske mit umgekehrtem, weißem V, Bauch, Beine, Pfoten und Halskrause Weiß; Points wie oben.

Mitted: Points mit weißer Blesse, weiße »Handschuhe« vorne und weiße lange »Stiefel« hinten.

Kopf: Breit und keilförmig, Nase mit mäßigem Stop. Hals kurz und kräftig.

Augen: Groß, leicht oval. Blau, je leuchtender, desto besser.

Schwanz: Lang, kräftig und buschig.

Wesen: Außerordentlich sanft und geduldig, aber keineswegs phlegmatisch, obwohl sie aufgrund ihrer Größe und ihres Gewichts keine so flinke Jägerin ist wie beispielsweise die grazilen orientalischen Rassen. Sie nimmt die Geschehnisse um sich herum mit Interesse, aber ruhiger Gelassenheit auf. Ragdolls sind ideale Wohnungskatzen, da sie sich in ihren vier Wänden am wohlsten fühlen und nur selten nach draußen möchten.

Geeignet für: Familien mit Kindern, anderen Katzen und Haustieren, da die Ragdoll gesellig und sehr verträglich ist.

Besonderheiten: Beim Aufnehmen sollte die ideale Ragdoll Kopf und Pfoten locker herunterhängen lassen wie eine Stoffpuppe, was der Name Ragdoll übersetzt auch bedeutet. Trotzdem ist diese Katze keineswegs ein Stoffpüppchen oder Plüschtier.

Ragdoll (von links nach rechts): Seal Colourpoint, Kätzin, 3 Jahre, Seal Bicolor, Kätzin, 4 Jahre, Blue Mitted, Kater, 4 Jahre.

Immer wieder hört man die törichte Ursprungsgeschichte der Ragdoll, die dieser sanftmütigen, schönen Katze nur geschadet hat. Weil die Vorfahrin, eine weiße Perserkatze, während der Tragzeit einen Autounfall hatte, seien alle ihre Nachkommen schmerzunempfindlich und unfähig zu kämpfen. Dies ist natürlich Unsinn! Vielmehr gehen alle genetisch einwandfreien Ragdolls auf eine weiße Langhaarkätzin namens Josefine und den Kater Raggedy zurück. Seit etwa 1960 in den USA gezüchtet, gibt es diese Rasse in Deutschland noch sehr selten.

Russisch Blau (Russian Blue)

Russisch Blau, Kätzin, 2 Jahre*.

Vermutlich hielt sich schon der Zar an seinem Hof die schlanke blaue Russin mit den grünen Augen. Fest steht, daß diese Katze Mitte vorigen Jahrhunderts aus Archangelsk (Rußland) über den Seeweg nach England gelangte. Man nannte diese Katzen auch Malteser oder Spanisch Blau, was auf eine weitere Verbreitung schließen läßt. Leider ist diese wunderschöne Rasse sehr selten geworden und durch viele Einkreuzungen, mal mit der schlanken Siam, mal mit der kräftigen Britin, so uneinheitlich im Erscheinungsbild, daß Ausstellungsbesucher sie auch heute noch häufig mit der blauen Orientalin oder blauen Burma verwechseln.

Körperbau: Langgestreckt und hochbeinig von mittelstarkem Knochenbau. Graziöser Gesamteindruck.

Fell: Kurz, dicht, sehr fein und weich. Plüschartig abstehend wie ein Robben- oder Biberfell. Textur und Aussehen des Fells sind die eigentlichen charakteristischen Merkmale dieser Rasse.

Farben: Reines, gleichmäßiges Blaugrau mit silbergetippten Leithaaren, die dem Fell den für diese Rasse typischen silbrigen Schimmer verleihen. Mittleres Blaugrau wird bevorzugt. Ihm verdankt die Russisch Blau auch ihren Namen.

Kopf: Kurz und keilförmig. Mittellange Nase, kräftiges Kinn und stark betonte Schnurrhaarkissen. Ohren groß und zugespitzt; Innenseite wenig behaart. Der lange geschmeidige Hals betont die Eleganz dieser Katze.

Augen: Groß und mandelförmig, weit auseinandergesetzt. Von smaragdgrün bis flaschengrün.

Schwanz: Möglichst lang, gerade und glatt. Zum Ende hin spitz zulaufend, im Gegensatz zur Britisch und Europäisch Kurzhaar mit rundem Schwanzende.

Wesen: Sehr unterschiedlich, je nachdem, welches Blutserbe überwiegt. Mal etwas lebhafter und demonstrativ anhänglich, wenn noch viel Siamblut vorhanden ist, sonst eher gemäßigt im Temperament.

Geeignet für: Katzenliebhaber, die sich eine blaue Katze wünschen, die nicht so stämmig ist wie die Kartäuser, aber auch nicht so filigran wie die gleichfarbige Orientalin, die gerne schmust, mit einem »spricht« und gut in der Wohnung zu halten ist. Einen allzu turbulenten Haushalt schätzt sie allerdings weniger.

Besonderheiten: Einzigartig an dieser Rasse ist das Fell. Es ist doppelt, das heißt, das üblicherweise kürzere Unterfell ist genauso lang wie das Deckhaar. Um den plüschartigen Charakter zu erhalten, soll das Fell nicht durch Kämmen und Bürsten geglättet und flachgelegt werden. Man verwendet einen grobkörnigen Puder zur Pflege, bürstet das Fell gegen den Strich aus und reibt die Katze danach nur leicht mit einem Wildleder- oder Seidentuch ab.

Abessinier (Abyssinian)

Körperbau: Mittelgroß, lang und schlank, Gesamteindruck athletisch.

Farben: Ticking: Zwei oder drei Farbbänder auf jedem Haar. Dies ergibt eine Wildzeichnung, auch Agouti genannt.
Wildfarben: Warmes Braun/Orange, Ticking Schwarz.
Sorrel: Glänzendes Kupferrot, Ticking Rotbraun. Blue: Warmes Blaugrau, Ticking Stahlblau.
Beige-fawn: Stumpfes, mattes Beige, Ticking dunkles Creme.
Silber: Unterfell leuchtend Silberweiß, Ticking in der jeweiligen Farbe.

Kopf: Gemäßigte Keilform, kräftiges Kinn, Nase mittellang. Ohren recht groß und weit gesetzt; Ohrbüschel erwünscht. Der Hals ist zierlich.

Augen: Mandelförmig, groß und ausdrucksvoll. Bernsteingelb bis Grün. Dunkle Augenumrandung.

Schwanz: Stark am Ansatz, lang und spitz zulaufend.

Wesen: Dem Menschen gegenüber freundlich und aufgeschlossen, sehr intelligent und gelehrig. Viele Abis apportieren und können allerlei Kunststückchen lernen. Die temperamentvolle Katze mit viel Bewegungsfreude kann zwar in der Wohnung gehalten werden, braucht aber unbedingt etwas zum Klettern und Toben. Sie liebt Balkon und Gartenauslauf mit Bäumen.

Geeignet für: Einen Menschen, der bereit ist, sich mit dieser Katze abzugeben. Abessinier benötigen diese Ansprache sehr, sonst ziehen sie sich zurück und verkümmern.

Besonderheiten: Keine andere Rasse ähnelt so sehr der afrikanischen Falbkatze wie die wildfarbene Abessinier.

Abessinier, Wildfarben, Kätzin, 6 Monate (oben links), Rot, Kater, 6 Monate (oben rechts), Wildfarben, 11 Wochen (unten).

Die Abessinier wird als Nachkomme der Pharaonenkatzen angesehen. Ausgangsrasse wird wohl die afrikanische Falbkatze gewesen sein, die nicht nur im Niltal, sondern unter anderem auch in Abessinien (heute Äthiopien) heimisch war. Die erste Katze dieser Art gelangte 1860 nach England. Von hier aus begann der Siegeszug der rätselhaften Sphinx im Pumakleid, von der noch heute ihre Anhänger sagen: »Es geht nicht einfach um eine Katze, sondern um ihre Majestät, die Katze.«

Burma (Burmese)

Burma, Braun, Kätzin, 3¼ Jahre (oben links), Lilac, Kater, 1½ Jahre* (oben rechts), Lilac und Chocolate, 12 Wochen (unten).

Einer Legende zufolge stammen diese Katzen aus Klöstern in Burma, wo sie gehalten und verehrt wurden. 1930 nahm ein Amerikaner die erste braune Burmesin namens Wong Mau von Rangun aus mit nach den USA. Hier wurde sie mit einem Siamkater verpaart und gilt heute als Stammutter der Rasse. Die Burma ist in den USA neben der Siam die beliebteste Kurzhaarrasse.

Körperbau: Von mittlerer Größe und Länge. Anmutig, aber muskulös und kompakt. Beine verhältnismäßig schlank.
Fell: Sehr kurz und fein, kaum Unterwolle. Es liegt eng an und glänzt.
Farben: Bei allen Burmesen muß der Unterkörper etwas heller sein als Rücken und Beine. Außer bei Jungtieren sind Streifen nicht erlaubt. Die klassische Burmafarbe ist Braun. Außerdem gibt es sie in: Blau, Chocolate, Lilac, Rot, Creme, Chocolate-, Seal-, Blue- und Lilac Tortie, (Farbbeschrei-

bung → Orientalisch Kurzhaar, Seite 132).
Kopf: Form eines kurzen, stumpfen Keils, betontes Kinn, kräftiger Kiefer. Ohren mittelgroß, weit auseinandergesetzt, breit im Ansatz, Spitzen abgerundet.
Augen: Groß, sehr ausdrucksvoll, weit auseinandergesetzt. Mandelförmig, untere Augenlinie im Gegensatz zur Siam gerundet. Helles Gelb bis Bernstein.
Schwanz: Mittellang, nicht dick am Ansatz; zu einer rundlichen Spitze zulaufend.
Wesen: Wie die Siamesen sehr auf den Menschen bezogen. Eine selbstbewußte Katzenpersönlichkeit, die sich selten unterordnet und in einer Katzengruppe meist die erste Geige spielt. Bedenken Sie dies bei der Anschaffung.
Geeignet für: Menschen, die eine gescheite, selbstbewußte Katze suchen. Reisen gut möglich, denn sie liebt Autofahren.
Besonderheiten: Burmesen sind früh geschlechtsreif und sehr triebhaft. Eine rollige Kätzin schreit so, daß Ruhe und Schlaf für Sie und Ihre Nachbarn unmöglich werden.

Siam (Siamese)

Körperbau: Mittelgroß, langge-
streckt. Eine sehr schlanke Katze
mit geschmeidigen Bewegungen.
Fell: Sehr kurz, fein und glatt
anliegend. Von seidigem Glanz.
Farben: Am Körper hell (Weiß, El-
fenbein bis Beige). Leichte Schat-
tierungen an den Flanken erlaubt.
Die typischen Siamabzeichen
(Points) befinden sich im Gesicht,
an Ohren, Füßen, Beinen und
Schwanz.
Abzeichenfarbe, Point in: Seal =
Schwarzbraun, Blue = Blaugrau,
Chocolate = Milchschokoladen-
farbe, Lilac = magnolienfarbig,
Red = Rotgolden, Creme =
Creme. Dazu die gesamte Farbpa-
lette in Tortie- und Tabby Point.
Tortie = gesprenkelt, Tabby =
gestreift.
Kopf: Keilförmig mit langer,
gerader Nase. Ohren groß und
zugespitzt.
Augen: Mandelförmig, leicht
schräg gestellt. Leuchtend tiefes
Blau. Ein Silberblick kommt vor.

Schwanz: Lang, dünn am Ansatz,
zugespitzt. Möglichst keinen
Knick mehr.
Wesen: Sehr temperamentvoll,
bewegungsaktiv, intelligent und
gewitzt. Kein Schrank oder Baum
ist ihr zu hoch, keine Tür mit
»Leckerli« dahinter, die sie nicht
aufbekäme. Meist hat sie den ge-
samten Haushalt fest im Griff und
Mitkatzen selbstverständlich
auch. Sie ist äußerst mitteilsam,
und es gibt etliche Siamhalter, die
sich mit ihrer Katze »unterhal-
ten«. Ist die Siam allerdings hungrig, ärgerlich, ängstlich oder gar
rollig, entwickelt sie die Stimmgewalt einer Operndiva.
Geeignet für: Menschen mit viel
Katzengespür und Erfahrung.
Keine Anfängerkatze. Sie ist sehr
menschenbezogen und sensibel.
Wird sie verkehrt behandelt oder
gar weggegeben, erleidet die
Siam eher seelischen Schaden als
andere Katzen.
Besonderheiten: Extreme Linien-
zucht haben Aussehen und
Wesen so stark verändert, daß die
einst sehr beliebte Siam von
Katzenfreunden nicht mehr so
geschätzt wird.

*Siam, Chocolate Point, Kater,
1 Jahr (links), Red Point, Kätzin,
3½ Jahre* (rechts).*

*In der Thai-National-Bibliothek
in Bangkok befindet sich das
wohl älteste Katzenbuch der
Welt, entstanden in Siams
alter Hauptstadt Ayudha
(1350 – 1767). Darin wird bereits
eine helle Katze beschrieben mit
dunklem Schwanz, Pfoten und
Ohren. Die aus Bangkok stam-
menden Siamkatzen wurden
1871 zum ersten Mal in London
ausgestellt und erhielten den
Namen: Royal Siam Cat.*

Orientalisch Kurzhaar (Oriental Shorthair)

Zu den Bildern auf dieser Seite:
Orientalisch Kurzhaar, Havanna,
Kater, 1½ Jahre* (oben links),
Lavender Self, Kätzin, 2 Jahre
(oben rechts), Chocolatepoint und
Chocolate Smoke, 10 Wochen
(unten).
Zu den Bildern auf der gegen-
überliegenden Seite:
Chocolate Golden Spotted,
Kätzin, 3 Jahre* (oben links),
Ebony, Kätzin, 7 Monate (oben
rechts), Chocolate Golden
Spotted, 7 Wochen (unten).

Genaugenommen sind diese Katzen einfarbige und gemusterte
Siamesen ohne die typischen
Siam Points. Die Rasse gibt es
schon seit Jahrhunderten. Alte
Thai-Texte beschreiben nicht nur
die typische Siam, sondern auch
ein- und zweifarbige orientalische Schlankkatzen. 1962 fing
man in England mit der systematischen Zucht an. In Amerika
wurden Orientalische Kurzhaarkatzen erst Mitte der Siebziger
bekannt.

Körperbau: Mittelgroß und langgestreckt. Wie die Siam eine sehr
schlanke Katze mit geschmeidigen
Bewegungen und eleganter Aus-
strahlung.
Fell: Sehr kurz, fein und glatt
anliegend. Seidig glänzend.
Farben: Einfarbig: Havanna =
Warmes, gleichmäßiges Kasta-
nienbraun, Blau = Reines Hell- bis
Mittelblaugrau, Lavender = Blas-
ses Lavendelblau mit deutlichem
rosa Schimmer, Ebony = Glänzendes, tiefes Schwarz bis zu den
Haarwurzeln, Rot = Warmes Rot,
Tabbymuster so schwach wie
möglich, Creme = Warmes helles

Apricot, Foreign White = Rein
Weiß, ohne jede Schattierung.
Schildpatt: Black Tortie, Blue Tortie, Chocolate Tortie, Lilac Tortie.
Bei allen ist die jeweilige Grundfarbe so klar und leuchtend wie
möglich, Rot und/oder Creme so
über den Körper verteilt, daß es
wie schattiert wirkt. Eine rote
oder cremefarbene Flamme auf
dem Nasenrücken ist erwünscht.
Tabby: Mackarel = Getigert. Blotched = Gestromt. Spotted = Ge-
tupft. Ticked = Agouti, mit und
ohne Silber in allen Farben. Kon-
trastreiche Zeichnung auf helle-
rem Grund. Bei Ticked-Tabby ist
der Rumpf völlig zeichnungsfrei,
allein ihre Extremitäten weisen ein
kräftiges Streifenmuster auf. Bei
allen Tabbys ist ein markantes
»M« auf der Stirn erwünscht –
»Skarabäus-Zeichen«.
Smoke: Hell platinfarbenes Unterfell, die Haarspitzen und kurz-
behaarten Körperteile (Gesicht,
Ohren, Beine) erscheinen, je nach
Farb-Erbbild, zarter oder kräftiger
in sämtlichen, bisher vorgestellten
Farben pigmentiert.
Kopf: Mittlere Größe, im Verhältnis zum Körper gut proportioniert.

Keilförmig; die Ohren sind groß, zugespitzt, breit an der Basis und verlängern die Seiten des Keils. Die Schnauze ist fein. Der Hals lang und schlank.

Augen: Mandelförmig, leicht schräggestellt. Bei allen Orientalisch Kurzhaarkatzen Grün. Nur bei Foreign White Blau.

Schwanz: Sehr lang, dünn am Ansatz, endet in einer Spitze.

Wesen: Der Siam sehr ähnlich, vor allem, wenn sie ein »Extremtyp« ist. Ansonsten in allem, auch in der Stimme etwas gedämpfter. Dies konnte ich speziell bei den Havannas, der Lilac und der Ebony feststellen, die auch hier abgebildet sind. Alle Orientalen sind temperamentvoll und brauchen in der Wohnung unbedingt ausreichendes Betätigungsfeld, sonst leiden Möbel, Vorhänge und Teppiche allzusehr: Kratzbaum, gesicherten Balkon mit Klettermöglichkeiten und bei Sonnenschein gern auch Gartenauslauf. Die Orientalen sind wie die Siam hervorragende Mäusefänger. Leider sind auch Vögel vor ihnen nicht sicher. Sie lieben die Wärme und liegen noch mehr als andere Katzen in der Sonne oder schlafen direkt auf dem Heizkörper. Daß sie hingebungsvoll anhänglich, verschmust und sehr menschenbezogen sind, erklärt sich schon aus der nahen Siamverwandtschaft. Die Orientalisch Kurzhaar können häufig gut an der Leine spazierengeführt werden und sind am liebsten auch sonst immer dort, wo etwas los ist. Da sie sehr neugierig sind, ist Weggesperrtsein für sie eine Qual.

Geeignet für: Katzenerfahrene und einfühlsame Menschen, die bereit sind, dieser Katze viel Auf-

merksamkeit, Zeit und Liebe zu schenken. Familien mit kleinen Kindern sollten sich lieber eine geduldigere Katze anschaffen. Was nicht heißt, daß die Orientalisch Kurzhaar und Siam Kinder nicht mögen, ganz im Gegenteil. Sie vertragen nur keine ruppige Behandlung und können recht nachtragend sein. Als sehr gesellige Katzen leben sie gerne in Katzengesellschaft, am besten mit Rassen, die nicht so dominant wie sie selber sind. Eine solche Rassenmischung bringt auch etwas mehr Ruhe ins Katzenleben, was sich sehr vorteilhaft bemerkbar macht. Ich konnte dies häufiger beobachten.

Besonderheiten: Siamesen und Orientalen können und werden auch miteinander verpaart. Dabei können die Jungen eines Wurfes entweder nur Siamesen oder nur Orientalen sein oder aus beiden Rassen bestehen. Besitzen Orientalisch Kurzhaar zu gelbgrüne Augen, kreuzt man auch gerne blauäugige Siamesen ein, um wieder die einzigartigen »Hexenaugen« zu erhalten.

Schottische Faltohrkatze (Scottish Fold)

Schottische Faltohrkatze, Blau Weiß Creme, Kätzin, 3½ Jahre (oben), Blau Weiß, aus einem Wurf mit Faltohr- und Normalohrstellung, 4 Wochen (unten).

Nachdem auf einem Bauernhof in Clackmanshire, Schottland, 1961 eine solche Faltohrkatze durch Mutation entstanden war und diese Kätzin namens Susie auch kippohrige Junge bekam, begann der dortige Schäfer mit ihr zu züchten. Doch durch zuviel Inzucht und verkehrte Einkreuzungen kamen sowohl taube und blinde Jungen als auch Totgeburten zur Welt. Der englische Katzenverband verbot deshalb die Rasse, und erst die Amerikaner erweckten sie zu neuem Leben. Heute verpaart man diese Katzen zur Sicherheit meist mit Persern, Britisch, Amerikanisch oder Europäisch Kurzhaar. Alles in allem sind diese Katzen recht robust und gesund.

Körperbau: Mittelgroß und kräftig, vergleichbar mit der Britisch Kurzhaar.
Fell: Kurz, dicht, weich und griffig.
Farben: Alle Farben außer Chocolate, Lilac und Siamzeichnung.
Kopf: Schön rund mit ausgeprägtem Kinn, Kiefer und vollen Wangen. Die kleinen, nach vorne gefalteten Ohren verleihen dem Gesicht etwas hilflos Babyhaftes.
Augen: Groß und rund. Farbe passend zum Fellton.
Schwanz: Mittellang, am Ansatz dick.
Wesen: Liebenswerte und freundliche Katze, die sich mit Menschen und anderen Tieren gut verträgt. Sehr geeignet als reine Wohnungskatze.

Geeignet für: Menschen, denen eine solch ungewöhnliche Katze gefällt.
Besonderheiten: Die gefalteten Ohren (englisch: fold), charakteristisches Merkmal dieser Rasse, entstehen durch Falten in den Ohraußenrändern, die zur Neigung der Ohrspitzen führen. Bei normaler Pflege und Haltung sind diese Katzen auch nicht anfälliger gegen Ohrmilben und Ohrentzündungen als solche mit Stehohren. Die jungen Scottish Fold Kätzchen sehen nach der Geburt völlig »normal« aus. Erst etwa ab der dritten Lebenswoche zeigt sich, wer in den immer mischerbigen Würfen Faltohr- oder Stehohrkatze wird. Durch die besondere Ohrenstellung haben andere Katzen mit dieser Rasse anfangs Verständigungsschwierigkeiten. Auf kätzisch bedeuten seitlich abgeknickte Ohren ja Ärger und Unmut. Erst nach einiger Zeit erkennen sie, daß ihre Artgenossen immer so aussehen.

Britisch Kurzhaar (British Short Hair), Kartäuser

Kartäuser, Britisch Kurzhaar Blau, Kater, 2 Jahre* (oben), Schwarz Silber Gestromt, Kater, 2 Jahre* (unten).

Englische Hauskatzen, gepaart mit Persern, waren die Elterntiere der heutigen Britisch Kurzhaar-Rasse. Die sogenannte Kartäuserkatze wird seit dem geänderten Standard von 1980 als British Blue mit zur Familie gezählt. Die ursprüngliche französische Kartäuser (Chartreux) findet man in unseren Tagen kaum noch auf den großen Ausstellungen. Darin teilt sie ihr Schicksal mit der Russisch Blau. Doch der Beliebtheit der Britisch Kurzhaar schadet dieses Durcheinander keineswegs; vor allem die blaugrauen Teddybären erobern die Herzen der Menschen im Sturm.

Körperbau: Mittelgroß bis groß, gedrungener Körper, massiv, fest, mit breiter Brust und nicht zu hohen Beinen (vor allem die »Blauen« können bis zu 9 kg schwer werden).
Fell: »Doppelt«, mit kräftiger Unterwolle. Sehr dicht und plüschig. Leicht abstehend und nicht eng anliegend wie bei den anderen Kurzhaarrassen.
Farben: Alle Haare müssen bis zur Wurzel durchgefärbt sein, ausgenommen Silber- und Tabby-Varietäten (Farbbeschreibung → Perser, Seite 116 und 117).
Kopf: Breit am Kinn mit vollen Wangen. Kurze, breite Nase mit leichter Einbuchtung am Nasenansatz. Ohren mittelgroß, eher kleiner, weit gesetzt und hoch plaziert. Sie runden den Kopf nach oben hin ab.
Augen: Groß und rund, »Kulleraugen«. Kupfer oder dunkles Orange. Bei Golden- oder Silbervarianten: Grüne Augenfarbe.

Schwanz: Nicht zu lang, kräftig. Am Ende leicht abgerundet.
Wesen: »Echt britisch«. Mit stabilem Nervenkostüm ausgestattet, bewegen sie sich freundlich offen, aber sehr selbstbewußt in ihrer Umgebung. Sie sind keine Sensibelchen, die sich gleich an ihren Menschen »ranschmeißen« und lautstark um dessen Zärtlichkeit buhlen. Sie schätzen wohldosierte Zuwendung und Betreuung.

Geeignet für: Menschen, die sich eine liebe Katze wünschen, aber respektieren, daß diese nicht ständig gestreichelt und herumgetragen werden will. Wegen ihrer Ausgeglichenheit können Sie diese Rasse gut mit anderen Katzen und Heimtieren vergesellschaften. Außerdem kommt sie gut mit Kindern zurecht, und da sich ihr Freiheitsdrang in Grenzen hält, ist sie eine ideale Wohnungskatze.
Besonderheiten: Katzen, die extrem massiv und schwergewichtig gezüchtet worden sind, können dadurch in ihrer Vitalität leiden. Knuddelige Teddybären in Dackelgröße sind zum Verlieben, trotzdem sollten Sie als Halter dem gemäßigteren Typ den Vorzug geben.

Exotisch Kurzhaar (Exotic Shorthair)

Exotisch Kurzhaar, Golden Shell, Kätzin, 2½ Jahre* (links), Schwarz, Kater, 3½ Jahre* (rechts).

Diese Plüschkatzen mit Babygesicht entstanden aus der Kreuzung Perser mit Amerikanisch Kurzhaar, beziehungsweise in England mit Britisch Kurzhaar. Auf den Ausstellungen in den USA anfangs noch in der Klasse der rasselosen Katzen vorgestellt, wurden sie bald anerkannt und traten in den achtziger Jahren ihren Siegeszug nach Europa an. Man schätzt sie als Rasse, die das ruhige Wesen, den stämmigen Körperbau, das Püppchengesicht und das wuschelige Fell der Perser hat und dennoch ganz leicht zu pflegen ist – für viele Katzenliebhaber das Ei des Kolumbus.

Körperbau: Groß bis mittelgroß, gedrungen und stämmig auf kurzen und kräftigen Beinen (Persertyp).

Fell: Länger als bei den anderen Kurzhaarrassen. Steht sehr dicht, weich und plüschig vom Körper weg.

Farben: Alle bei den Persern zugelassenen Farben (→ Seite 116 und 117).

Kopf: Rund und massiv mit breitem Schädel. Volle Wangenknochen, starke kräftige Kiefer und Kinn. Nase: Kurz, stumpf und breit mit stärkerem Stop als bei anderen Kurzhaarrassen.

Augen: Große, runde, glänzende »Kulleraugen«; weit geöffnet und auseinandergesetzt. Wie bei Persern passend zur Fellfarbe in Kupfer, Dunkelorange, Grün oder Blau.

Schwanz: Kurz und kräftig. Tief angesetzt ohne Bogen.

Wesen: Eine ideale Wohnungskatze, die an ihrem Zuhause hängt. Ihr Temperament ist eher ruhig, gemäßigt. Bei golden- und silberfarbenen Exotics findet man lebhaftere Tiere. Freundlich, lieb und anhänglich – die ideale Schmusekatze für die ganze Familie, vor allem für Kinder.

Geeignet für: Menschen, die stämmige, kompakte Katzen mit ruhigerem Wesen bevorzugen, die das Püppchengesicht vom Perser und das plüschige Fell zum Streicheln mögen, sich aber das tägliche Kämmen und die lästige Haarerei ersparen möchten.

Besonderheiten: Besitzt die Katze das extrem flache Persergesicht, hat sie auch meistens deren Schwächen vererbt bekommen: tränende Augen, Atembeschwerden und so weiter. Geben Sie lieber einem gemäßigten Typ den Vorzug, dann haben Sie später um so mehr Freude an Ihrer Kurzhaarperser.

Devon, Cornish, German Rex

Körperbau: <u>Devon Rex</u>: Mittelgroß, sehr fest und muskulös. Beine lang und schlank, wobei diese am Körperansatz leicht gebogen sind (O-Beine). Breite Brust, langer schlanker Hals. <u>Cornish und German Rex</u>: Körperbau wie Europäisch Kurzhaar, wobei die Cornish orientalisch schlanker ist.
Fell: Besonders kurz, fein und weich in der Textur. Gewellt oder gelockt wie ein Persianerpelz. Schnurrhaare und Augenbrauen gekräuselt. Das Devon Rex-Fell besitzt Grannenhaare, das der Cornish und German Rex nicht, wodurch sich deren Fell weich und samtig anfühlt.
Farben: Alle Farben erlaubt.
Kopf: <u>Devon Rex</u>: Kurz, keilförmig mit hervortretenden Backenknochen. Volle Wangen. Kurze Schnauze mit kräftigem Kinn und »Whisker break« (Schnurrhaarkissen). Breite Nase mit ausgeprägtem Stop. Tiefsitzende, große »Fledermausohren«.
<u>Cornish Rex</u>: Gemäßigt orientalisch. <u>German Rex</u>: Ähnlich Europäisch Kurzhaar mit runderem, breiterem Kopf, leichtem Stop und mittelgroßen Ohren.

Augen: <u>Devon Rex</u>: Weit auseinandergesetzt, groß, mandelförmig. <u>Cornish Rex</u>: Orientalische Mandelaugen. <u>German Rex:</u> Europäisch Kurzhaar entsprechend. Farben passend zum Fell.
Schwanz: Lang, dünn und zugespitzt. Dicht besetzt mit kurzem Haar.
Wesen: Ideale, sehr häusliche Wohnungskatze, die es gern warm hat, vor allem die Devon. Lebhaft im Wesen neigt die Rex zur Clownerie. Die German Rex ist im Temperament nicht so »orientalisch«, sondern eher etwas gelassener, aber genauso lieb und anhänglich.
Geeignet für: Für alle, die eine sehr seltene, ungewöhnlich aussehende Katze lieben.
Besonderheiten: Heranwachsende Jungtiere haben oft noch Kahlstellen im Fell, vor allem die Devon. Sind beide Elterntiere dicht im Haarkleid, dann vergeht dies später wieder. Rexfell wächst langsam und ungleichmäßig.

German Rex, Schildpatt, Kätzin, 1½ Jahre (links), Devon Rex, Smoke, Kätzin, 7 Jahre (rechts).

Als einzige Katzenrasse besitzen die Rex ein durch Mutation entstandenes kurzes, gelocktes Fell. Vermutlich tauchten die ersten Katzen dieser Art in Deutschland auf, wurden aber nicht weiter beachtet. Erst Kater Kallibunker, geboren 1950 in Cornwall (England), wurde Stammvater der heutigen Cornish Rex. Als wenig später in dem benachbarten Devon wiederum ein gelocktes Kätzchen auftauchte, wurde daraus die Devon Rex gezüchtet, die heute wohl bekannteste der drei Rex Rassen. Der Name Rex stammt von einer Kaninchenrasse gleichen Namens.

Rassen- und Sachregister

Die **halbfett** gesetzten Seitenzahlen verweisen auf Farbfotos. U = Umschlagseite.

Aberglaube 100
Abessinier 129, **129**, **U 4**
– Tabby 100
Abstammung 100
Abstürzen 45
Abwehr **40**, 41, 90, 92, 93, **97**
Abyssinian 129, **129**
Abzeichen 100
Adrenalin 100
Afrikanische Falbkatze 100
Afterkralle 100
Aggressivität 100
Agouti 100
Ailurophilie 100
Ailurophobie 100
Albino 101
Allergien 68, 101
Alte Katze 43
Ältere Katze 20, 22, 29
American Shorthair 101
Angora, Türkisch 101, 114, 122, **122**
Angorakatze 101
Angriff **40**, 41, 90, 92, **97**
Ängstliche Katze 29
Augenreinigen 47, **47**
Augen 48, **55**, 60, 67, 69, 84, 88, 90, **96**, 1o1
Aujeszkysche Krankheit 51, 62
Auslauf 38, 94
– im Garten 44
– ins Freie 30, 52
Ausstattung 26, **26**, 27, **27**
Ausstellung 10, 19
Auto 41

Babyfell 101
Baden **42, 43**
Bahnfahrt 101
Baldrian 101
Balinese 124, **124**
Bauernkatzen 13, 30, **52, 53**
Begegnung 101
Begrüßung 101
Beute 41
-fang 35, 101
Bezoare 101
Biologische Katzenstreu 26
Birma 126, **126**
Birman 126, **126**
Black Bombay 102
Blaue Augen 101
Blinzeln 101
Bobtail 101
–, Japanese 105
Britisch Kurzhaar 135, **135**
British Shorthair 135, **135**
Bruderschaft der Kater 98
Brunst 36, 76
Brutpflegetrieb 102
Burma 130, **130**
-katze **21**, 23, 76, **77**
Burmese 130, **130**
Bürste 26, **26**
–, Naturhaar- 47
–, Spezial- 47
Bürsten 46, 47

CAC **102**
Catnip 102
Catsitter 41
Champion **102**
Chinchilla **7**, 102, **117**
Cornish Rex **137**
Creme Point **23**

Deckakt 75, 102
Deckfähig 73
Deckgebühren 76
Deckhaare 102
Deckkater 76
Deutscher Tierschutzbund 38
Devon Rex 137, **137**
Diabetes 67
Domestikation 8, 102
Dominanz 35
Drohen 104
Duftdrüsen 35, 89
Duftmarken 35, 36, 73, 102
Durchfall 64, 67, 68, 70, 71

Edelkatzenzüchterverband 19, 76
Eingewöhnung 28
Einklemmen 45
Einschläfern 43, 102
Einstreu 102
Eiweiß 48, 50, 53, 54
Energie 48, 49, 50
Entwicklung der Jungen 18, 19, 80, **80**, 81, **81**
Entwöhnung 103
Erbkrankheit 103
Erbrechen 103
Erkennungskuß 103
Erleichterungsspiel 103
Ernährung 49, 56, **56**, 57, **57**, 70
Erschießen 45
Erste Hilfe 67
Ersticken 45
Erziehung 28, 38
Eßgewohnheiten 54, 56
Europäische Wildkatze 103
Exotic Shorthair 136, **136**
Exotisch Kurzhaar 136, **136**

Falbkatze 9, 84, 103
–, Afrikanische 100
Fall, freier 104
Fallen **91**
Falschheit 103
Faltohrkatze, Schottische 134, **134**
Fauchen 103
Felidae 84
Feliden 103
Felis 103
Fell 12, 46, 48, 60, 86
-farbe 15, 19
-knoten 26, 47
-pflege 26, 46, **46**, 47, **47**
Fett 48, 49, 50, 53
-schwanz 103
Fieber 103
FiFe 103, 114

FIP 62
FIV 62
Flehmen 89, 104
Flöhe 63
Fönen **46**
Frei laufende Katzen 38, 62, 64
Freier Fall 104
Fressen 56, **56**
– in Gesellschaft 56, **57**
Freßverhalten 49
Futter 49, 50, 51, 53, 54, 70
–, Fertig- 48, 50, 51, 52, 63
–, Frisch- 48, 51, 52
-napf 22, **27**, 34, 54, 56
-trieb 48
–, Trocken- 51

Garten 38, 44
GCCF 104
Gebogene Drahtborsten 47
Geburt 18, 70, 78, **78**, 79, **79**
Geburtstermin 78
Gefahren 28, 31, 45
Geisterzeichnung 104
Geldkatze 104
German Rex 137, **137**
Geschlechtsbestimmung 104
Geschlechtsreife 23, 36
Geschlechtstrieb 37
Geschwindigkeit 104
Gesten **40**
Gesundheit 68, **68**, 69, **69**
Gesundheitsstörungen 67
Giftige Zimmerpflanzen 104
Gleichgewicht 90, 104
Glückskatzen 104
Grannenhaar 104
Gras 104
Grünlilie 27
Gurren 105

Haarballen 105
Haarknoten entfernen 47, **47**
Haarwechsel 47
Haftpflichtversicherung 44
Halblanghaarkatzen 26
Halsband 27, 42
Hängeohr 105
Harlekinkatzen 105
Haustierregister 38
Hautkrankheiten 68
Havanna-Kater **77**
Hecheln **13**
Heilige Birma 126, **126**
Heilmittel, homöopathische 29
Heim erster Ordnung 30, 94
Heimfindemechanismus 42
Heimfindevermögen 105
Heimtiere 22, 23, 24, 28, 29
Hochheben 105
Homöopathie 105
Homöopathische Heilmittel 29
Homöopathische Tierbehandlung 29
Hörvermögen 43
Hund 23, **25**, 29, **36**
Hybride 105

Impfpaß 19, 41, 61
Impfungen 21, 38, 61, 76, 105
Imponiergehabe 35, 105
Infektionskrankheit 61
Inzucht 105

Jacobsonsches Organ 89, 105
Jagdtrieb 48, 84, 105
Jagen 41
Japanese Bobtail 105
Javanese 124, **124**
Junge Katzen 22, 28, 45, 62
Jungen, Entwicklung der 18, 19

Kamm **26**, 26
Kämmen 46, **46**
Kannibalismus 106
Kartäuser 135, **135**, **U 3**
-kater **74**
Kastration 34, 35, 37, 73
Kastrieren 23, 36
Kastrierter Kater 51
Kater 23
–, Bruderschaft der 98
-gesang 93, 106
–, geschlechtsreife 36
Katze 106
–, alte 43
–, ältere 20, 22, 29
–, ängstliche 29
–, frei laufende 38, 62, 64
–, junge 22, 28, 45, 62
–, rollige 36, 93
–, schwierige 29
–, tragende 54, 56
Katzen
-ausstellung 10, 19
-baby **37**
-buckel 85, 90, 92, 93
-clubs 10
-erziehung 28, 38
-geschirr 27
-gras 27, 45
-kinderstube 18
-klo 11, 23, 26, **26**, 28, 33, 34, 41, 42, 63, **71**, 78, 80
-korb 27
-leukämie 61
-leukose 61
-menüs 56
-minze 89, 106
-museum 106
-musik 106
-mutter **9**
-pension 41
-schnupfen 19, 61
-seuche 19, 61
-sprache 90, **96**
-streu 26, 33, 41
-tür 37
-wäsche 46, 106
-zuchtverein 64, 114
Kennel 64, 106
Kinder **10**, 11, **11**
Kletterbäume 31, 33
Klettern 35
Klokiste 19

Knickschwanz 106
Kohlenhydrate 48, 50, 53
Kolostralmilch 106
Kontaktaufnahme 15
Köpfchen geben 11, 106
Korb **26**
Körper 48, 84, **87, 97**
-gewicht 56
-sprache 90
Kot 60
-probe 64
Krallen **21,** 35, 85, 86
-entfernung 106
-schärfen 27
Krankheiten 62, 63
Krankheitsvorbeugung 60
Kratzbaum 11, 31, 33, 40
Kratzbrett 11, **27,** 27, 38, 40
Kratzen 35, 40
Kuder 106
Kurzhaar
–, Britisch **135**
–, Exotisch **136**
-katzen 26, 47
–, Orientalisch **132**

Langhaarkatzen 19, 26, 46, **46,** 76, 114
Lautsprache 90
Lebenserwartung 107
Leber 49, 51, 56
Leckerbissen 24
Leine 27, **27,** 40, 41
Leithaare 107
Leitsystem 89
Letalfaktor 107
Leukose 19
Liebhabertiere 19, 21

Maikätzchen 107
Maine Coon 120, **120, U 4**
Malteserkatze 107
Manxkatze 107
Maske 107
Medaillon 107
Metallkamm 26, 46
Mietrecht 44, 107
Mikrosporie 63, 68
Milben 63
Milch 54
-tritt 107
-zähne 68
Mimik **40,** 107
Mineralien 50
Mineralstoffe 53
Mundgeruch 107
Muskeln **21**
Mutation 107, 114
Mutterkatze 18

Nackenbiß 108
Nährstoffe 48, 50, 54
Nahrung 48, 49, 50, 54, 81
Nase 89, 92
Nasenkontrolle 31
Nasenspiegel 108
Naturhaarbürste 47
Naturheilmittel 67
Nestbautrieb 108
Neugeborenes **9**

Nickhaut 69, 108
-vorfall 70
Norwegian Forest Cat 121, **121**
Norwegische Waldkatze **U 1,** 121, **121**

Odd-eyed **22,** 108
Ohren 47, 60, **63,** 64, 67, 68, 84, 88, 90, 92, **92,** 93, **93**
-entzündung 70
-kontrolle **46,** 47
Ohrmilben **46,** 47, **63,** 68, 71
Operationskragen 108
Oriental Shorthair 132, **132,** 133, **133**
Orientalisch Kurzhaar 132, **132,** 133, **133**
Orientierungssinn 108
Ovulation 108

Paarung 23, 75, 94
Panleukopenie 108
Papillae filiformes 89
Papillen 108
Parasiten 51, 63, 68
Pariakatzen 108
Perserkatzen 19, 27, **42, 46,** 47, 114, 115, 116, **116,** 117, **117, 118, U 4**
Perser Weiß **22**
Persian 116, **116, 117**
Pflanzen 45
Pflege 43, 46, **46,** 47, **47**
-utensilien 26
Pfoten **21,** 24, 86
Pille 37
Points 108
Polydaktylie 108
Postversand 108
Pudern 47
Puls 67
Pupillen 88, 92, **92,** 93
Putzen 56, **57**

Qualifikation 108
Quarantäne 109
Queen 109

Ragdoll **35,** 127, **127**
Rang 24
-ordnung 28, 33, 56, 94, 98, 109
Rassekätzchen 22
Rassekatzen 13, 19, **22,** 75, 114–137
-verbände 19, 21, 114
Rassen 15, 19, 114
Recht 44
Reisen 41, 61
Revier 22, 23, 24, 28, 30, 31, 34, 94, 95
-eroberung 30
-grenzen 31
Rexfell 109
Rezessiv 109
Rivalenkämpfe 36
Rolligkeit 23, 36, 37, 72, 76, 93
Rückkreuzung 109
Rumpy 109
Russian Blau 128, **128**
Russisch Blau 128, **128**

Sacred Cat of Burma 126, **126**
Salmonellenerreger 51
Salmonellenübertragung 56
Sauberhaltung 33
Sauberkeit 10, 11, 28, 33
Scheckung 109
Scheinträchtigkeit 109
Schildpattkatze 109
Schnurren 109
Schnurrhaare 84, 88, 90, 92, **96,** 109
Schottische Faltohrkatze 134, **134**
Schutzimpfungen 41, 61, 62, 64, 109
Schwanz 31, 47, 84, **85,** 86, **87,** 90, **91,** 92, 93, **97,** 109
-haare **15**
-wedeln 24
Schwitzen 109
Scottish Fold 134, **134**
Sehvermögen 43
Siam 19, **23, 32,** 72, 115, 131, **131**
Siamese 131, **131**
Sinnesorgane 88
Somali **U 2,** 125, **125**
Speicheln 110
Spiel **18, 40**
-zeug 24, 26, 27, **32**
Spritzen 34
Spulwürmer 63
Stammbaum 19
Standard 19, **77,** 114
Stellreflex 80, **91,** 104, 110
Sterilisation 37
Stop 110
Streß 110

Tabby 100, 110
Tabletten 45, **45**
Tapetum lucidum 88, 110
Tätowieren 38
Tätowierungscode 22
Tätowierungsnummer 38
Temperament 13, 15, 22, 28, 98
Temperatur 66
Ticking 110
Tierarzt 19, 22, 29, 34, 36, 38, 41, 43, 47, **62,** 63, 64, 67, 78
Tierbehandlung, homöopathi- sche 29
Tierheim 20, 22, 41, 63
Tierkörperbeseitigungsanstalt 43
Tiermarkt 21
Tierschutzbund, Deutscher 38
Tierschutzgesetz 44
Tierversuche 110
Tipping 110
Tollwut 19, 61, 63
Toxoplasmose 51, 63
Trächtigkeit 77
Tragende Katzen 54, 56
Tragstarre 110
Transportkorb 28, 41
Trennmesser 26, 47
Treteln 110
Trinken 56, **56**
Trinknapf 27, **27**
Trockenfutter 51

Türkisch Angora 101, 114, 122, **122**
Türkische Van Katze **19,** 123, **123**
Turkish Angora 122, **122**
Turkish Van 123, **123**
Typ 13, 15, 19

Überfahren 45
Übersprunghandlung 110
Umzug 42, 43
Unfruchtbarkeit 110
Unsauberkeit 34, 35, 110
Unterwolle 110
Urin 60
Urlaub 41

Van Katze, Türkische **19, 123**
Varietäten 111, 114
Verdrängungs-Putzen 86
Vererbung 111
Vergiftungen 45
Verhalten 11
Verhaltensformen 24
Verhaltensstörungen 23, 35, 111
Verhaltensweisen 30
Verletzen 45
Vermehrung, unkontrollierte 36
Verstopfung 43, 64, 67
Versuchslabors 36, 38
Vertrauen 111
Veterinäramt 41
Vibrissae 89
Vitamine 50, 53, 111

Wachhunde 24
Waldkatze, Norwegische **U 1,** 121, **121**
Waschen 46
Wasser 41, 51, 53, 56
Wegerecht 31, 111
Wesen 13, 19
Wiegen 111
Wildkatze 111
–, Europäische 103
Wildledertuch 26
Wohnungskatzen 27, 30, 63, 98
Wurf 22
-lager 77, 78, **78**

Zähne **21,** 43, 51, 60, 111
Zahnfleisch 60
-entzündung 68, **68,** 71
-erkrankungen 51
Zahnsteinbildung 51, 68
Zahnwechsel 111
Zecken 63
Zeitungsinserate 21
Zimmerpflanzen **14,** 27, 111
–, giftige 104
Zoofachgeschäfte 19
Zoofachhandel 21, 26, 27, 31, 37, 46, 64
Zoofachhändler 20, 22, 41, 64
Zucht 19
-katzen 37, 76
Zuckerkrankheit 111
Züchter 19, 21, 78
Zwingername 111
Zypergras 27, **27**

Adressen

Katzenverbände

1. Deutscher Edelkatzenzüchterverband (1. DEKZV), Berliner Straße 13, 35614 Aßlar
World Cat Federation, Hubertstraße 280, 45139 Essen 13
Österreichischer Verband für die Zucht und Haltung von Edelkatzen (ÖVEK), Liechtensteinstraße 126, 1090 Wien, Österreich
Klub der Katzenfreunde Österreichs (KKÖ), Castellezgasse 8/1, 1020 Wien, Österreich
Fédération Féline Helvetique (FFH), Solothurnerstraße 83, 4053 Basel, Schweiz
Fédération Internationale Féline (FIFe), Little Dene Lenham Heath Maidstone Kent ME 17 2 BS, Großbritannien
Governing Council of the Cat Fancy (GCCF), W. Davis, Doverfield, Petwoth Road, Wittley Surrey, GU 85 QW, England

Fragen zur Katzenhaltung beantwortet:

Ihr Zoofachhändler oder der Zentralverband Zoologische Fachbetriebe Deutschlands e. V., D-63225 Langen, Tel. 06103/910732 (nur telefonische Auskunft)

Literatur

Bücher

(falls nicht im Buchhandel, dann in Bibliotheken erhältlich)
Allaby, M.; Burton, J.: *Katzenleben.* Orbis Verlag, München

Buff, W.; Dunk, K.v.d.: *Giftpflanzen in Natur und Garten.* Blackwell Verlag, Berlin
Frohne, D.; Pfänder, H. J.: *Giftpflanzen.* Wissenschaftliche Verlagsanstalt m.b.H., Stuttgart
Lawson, T.: *Kochen für die Katz'.* Müller Verlag, Rüschlikon
Leyhausen, P.: *Katzen – Eine Verhaltenskunde.* Blackwell Verlag, Berlin
Morris, D.: *Catwatching.* Heyne Verlag, München
Müller, U.: *Katzen halten mit Herz und Verstand.* Gräfe und Unzer Verlag, München
Müller, U.: *Perserkatzen richtig pflegen und verstehen.* Gräfe und Unzer Verlag, München
Müller, U. und H.A.: *Die kranke Katze; Erste Hilfe – Behandlung – Pflege.* Gräfe und Unzer Verlag, München
Thies, D.: *Katzen züchten.* Kosmos Verlag, Stuttgart
Turner, D.; Bateson, P.: *Die domestizierte Katze.* Müller Verlag, Rüschlikon

Zeitschriften

»die Edelkatze«, Illustrierte Fachzeitschrift für Katzenfreunde, Verbandszeitschrift des 1. DEKZV; Berliner Straße 13, 35614 Aßlar
»Katzen extra«, Symposion Verlag, Postfach 610265, 70309 Stuttgart
»Das Tier«, Egmont Ehapa Verlag, Im Riedenberg 54, 70771 Leinfelden, Echterdingen

Wichtige Hinweise

Beim Umgang mit Katzen kann es durch Kratzen und Beißen zu Verletzungen kommen. Lassen Sie solche Verletzungen sofort vom Arzt versorgen.
Lassen Sie bei Ihrer Katze unbedingt alle notwendigen Schutzimpfungen und Entwurmungen (→ Seite 61 und 62) ausführen, da sonst eine erhebliche gesundheitliche Gefährdung von Mensch und Tier möglich ist. Einige Krankheiten und Parasiten sind auf den Menschen übertragbar (→ Seite 63). Zeigen sich bei Ihrer Katze Krankheitszeichen (→ Tabelle, Seite 70), sollten Sie unbedingt einen Tierarzt zu Rate ziehen. Gehen Sie im Zweifelsfall selbst zum Arzt und weisen Sie ihn auf die Katzenhaltung hin.
Es gibt Menschen, die allergisch auf Katzenhaare reagieren. Fragen Sie im Zweifelsfall vor der Anschaffung Ihren Arzt.
Es besteht die Möglichkeit, daß Katzen Schäden an fremdem Eigentum anrichten oder gar Unfälle verursachen. Ein ausreichender Versicherungsschutz liegt im Eigeninteresse; sie sollten auf jeden Fall haftpflichtversichert sein.

Die prämierten Rassekatzen des Buches

Seite 116 u.: Perserkatze, »Anjouli«, Champion
Seite 120 o.: Maine Coon, »Jack vom Schloß Wolperding«, internationaler Champion
Seite 121 o. r.: Norwegische Waldkatze, »Nora Au-Trolls Fjord«, internationaler Champion
Seite 122 o.: Türkisch Angora, »Ziya's Gamze of Turkish Affairs«, internationaler Champion
Seite 123 o.: Türkisch Van Katze, »Hexi von Schneewittchen«, internationaler Champion
Seite 124 o. r.: Balinese, »Zauserich Schao You«, Champion
Seite 126 o.: Birma, »Cat Bal'oo of Magic Blue«, internationaler Champion
Seite 128: Russisch Blau, »Von Rasputin«, Europachampion
Seite 130 o. r.: Burma, »Sacharian Boy von München«, internationaler Champion
Seite 131 r. im Bild: Siam, »Mona vom Schloß Wolperding«, internationaler Champion (Premior)
Seite 132 o. l.: Orientalisch Kurzhaar, »Amaryll Fair Murphy's Law«, Champion
Seite 133 o. l.: Orientalisch Kurzhaar, »Golden Lacrima Schao You«, internationaler Champion
Seite 135 o.: Kartäuser, Britisch Kurzhaar, »Ceyetano vom Eagle Rock«, internationaler Champion
Seite 135 u.: Britisch Kurzhaar, »Ursus vom Inhauser Moos«, internationaler Champion
Seite 136 l.: Exotisch Kurzhaar, »Goldkind von Bayern«, Champion
Seite 136 r.: Exotisch Kurzhaar, »Exotic Charly«, Europachampion

Die Autorinnen

Katrin Behrend, Journalistin, Tierbuch-Redakteurin und Autorin erfolgreicher GU Ratgeber. Sie hält seit vielen Jahren Haus- und Rassekatzen.
Monika Wegler, Berufsfotografin, Journalistin und Tierbuch-Autorin. Schwerpunkt ihrer Arbeit waren in den letzten Jahren Tierporträts sowie Verhaltens- und Bewegungsstudien von Hunden und Katzen.

Die Fotos auf dem Umschlag

Umschlagvorderseite: Norwegische Waldkatze.
Umschlagrückseite: O. l.: Maine Coon-Kater. O. r.: Weiße Maine Coon-Katze. U. l.: Abessinier Kater in Lauerstellung. U. m.: Junges Hauskätzchen. U. r.: Perserkatze.

Dank

Autorinnen und Verlag danken allen Katzenbesitzern und Züchtern des 1. DEKZV, Ortsgruppe München, für ihre Mitarbeit. Besonders erwähnt seien die Tierheilpraktikerin Susanne Böhnisch, München, Tierarztpraxis Neumann, München, Dr. Wiesner, München, und Rechtsanwalt Reinhard Hahn, Alsbach-Hänlein.

© 1990 Gräfe und Unzer Verlag GmbH, München
Alle Rechte vorbehalten. Nachdruck, auch auszugsweise, sowie Verbreitung durch Film, Funk und Fernsehen, durch fotomechanische Wiedergabe, Tonträger und Datenverarbeitungssysteme jeder Art nur mit schriftlicher Genehmigung des Verlages.

Lektorat: Christine Schulze Buschoff
Fotografin und Verfasserin der Porträts beliebter Rassekatzen: Monika Wegler
Herstellung: Johanna Wolter
Produktion: Johannes Schmidt-Thomé
Layout: Christine Paxmann
Umschlaggestaltung: Heinz Kraxenberger
Satz: Typodata
Repro: Czech
Gesamtherstellung: Druckerei Stürtz

ISBN 3-7742-1003-9

Auflage 5. 4. 3. 2. 1.
Jahr   04 03 02 01 00

Nicht immer sehen sich Katzenmutter und Kind so ähnlich wie diese beiden Kartäuser.

Das GU Katzenbaby-Ratespiel

Seite 125

Seite 130

Seite 135 (oben)

Seite 118 (Mitte rechts)

Seite 121

Seite 126

Wer sind die Eltern?

Seite 129

Seite 117 (unten)

Seite 136

Seite 131

Die Auflösung finden Sie im Rasseteil (→ Porträts beliebter Rassekatzen, Seite 116 bis 137)

Seite 116